# Idées, Principes et Vérités Théosophiques

JEAN DARLÈS M. S. T.

# Idées, Principes

ET

# Vérités Théosophiques

## (PHILOSOPHIE ORIENTALE)

Karma. — Les divers plans. — La Société
théosophique. — L'aura Humaine. — Ses couleurs
Le plan astral et la lumière astrale
Les Mahatmas. — Les Adeptes
Le Double aithérique
Le Dévalkan
etc., etc.
etc.

BIBLIOTHÈQUE DES CURIOSITÉS

H. DARAGON, Libraire-Éditeur
96-98, RUE BLANCHE, 96-98
PARIS

1909

# Idées, Principes et Vérités Théosophiques

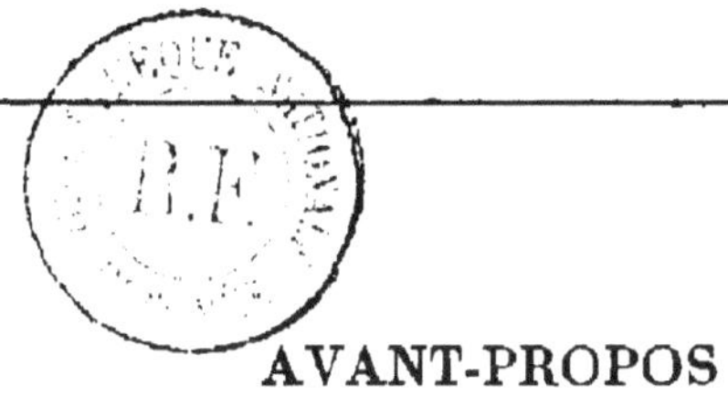

## AVANT-PROPOS

Un arcane magique nous dit : *Noli ire, fac venire*, c'est-à-dire, ne vas pas, fais qu'on vienne !

Telle est l'idée première qui nous a impulsé à publier la présente étude sur la théosophie (1), et qui sera, nous l'espérons du moins, suivie de quelques autres.

C'est à l'aide de tels travaux, que nous espé_rons amener (faire venir) à la Théosophie et à l'Occultisme, un grand nombre de personnes qui ne trouvent pas dans les religions, les *Desiderata* que sollicitent leur raison, la satisfaction de leur conscience et une explication logique de la vie d'ici-bas, ainsi que de celle de l'Au-delà.

1. Nous avons publié déjà, l'homme invisible dans l'homme visible, étude sur l'Aura Humaine, 1 br. in-12, Paris, H. Daragon, éditeur.

Ce préambule ne veut pas dire que nos écrits auront pour but d'éloigner de leur religion, ceux qui en ont une, mais de les engager simplement à étudier la Théosophie et l'Occultisme et à pratiquer ensuite leurs beaux enseignements ; enfin nous demandons à ces mêmes personnes de faire ainsi leur propre bonheur, tout en faisant en même temps, celui de leur prochain ; car la Théosophie dit et prouve que le bonheur d'un seul ne saurait être atteint, si en même temps, le bonheur de tous n'est pas l'objet de la sollicitude de chacun.

La Théosophie démontre donc ainsi la *Loi de la solidarité*, comme une Loi Primordiale, celle qui doit primer toutes les autres...

Nous caressons aussi un espoir : celui d'amener, si possible, des matérialistes chercheurs, partant intelligents, à étudier le *Pourquoi de la vie Humaine* et de les faire réfléchir sur le *Processus* de l'Evolution Humaine.

Nous voulons aussi leur démontrer que l'homme réel est plus qu'un simple animal, qui naît, vit, meurt et retourne à la poussière. *Retourner à la poussière*, c'est du moins, ce que beaucoup de religions enseignent !

*Tu es pulvis et in pulverem revertebis*

Mais d'autres religions, ainsi que la Théosophie, admettent que le corps retourne à la poussière mais que l'homme réel est une émanation, une étincelle divine, qui s'étant égarée sur une mauvaise route, une fausse route, évolue, progresse, accomplit des existences successives et puis retourne à son origine première, après une période de temps extrêmement longue ; mais n'anticipons pas sur ce qui fera le fond même de notre sujet et disons tout simplement, que la Théosophie admet toutes les idées justes de toutes les religions spiritualistes et n'empêche aucun des sectateurs d'aucune religion de suivre leur enseignement, seulement, elle a soin d'ajouter :

« Il n'y a pas de religion plus élevée que la Vérité. »

C'est pourquoi, elle ne recherche que la vérité ; et elle dit encore aux étudiants :

« Croyez ce que vous voudrez, mais n'admettez jamais, ce qui répugne à votre raison !... »

La science occulte professe les mêmes maximes, du reste, la Théosophie et l'Occultisme ont entre eux des rapports intimes, parce que les deux philosophies tirent l'une et l'autre une grande partie de leur doctrine de la Tradition, de la philosohie Orientale, origine de toutes les philosophies et de la plupart des religions!...

# HISTORIQUE

D'après l'étymologie grecque de son nom θεου Σοφια, la Théosophie est la Sagesse de Dieu, la Sagesse Divine ; ce n'est pas une Religion dans le sens strict du mot, mais on la retrouve à l'origine de toutes les Religions dignes de ce nom, nous disent les Philosophes. C'est dire que la Théosophie remonte à la plus haute Antiquité, on pourrait même dire avec raison, que son existence date de l'apparition de la Race Humaine sur la Terre ; car il est incontestable que l'homme a toujours possédé ce flambeau lumineux pour guider sa marche sur le dur *Sentier* de la Vie.

La Sagesse Divine était enseignée dans l'ancien Continent, qu'a recouvert l'Océan Indien, c'est-à-dire qu'elle était enseignée sur le Continent occupé par l'ancienne *Race Lémurienne*.

Quand la Lémurie eut disparu de la surface du globe, à la suite d'éruptions volcaniques, un nouveau Continent, l'*Atlantide*, surgit, remplaça l'ancien et devint promptement le nouveau Dispensateur de la Civilisation ; aussi répandit-il à nouveau les lumières de la Sagesse Divine, de la Théosophie.

Grâce à ces lumières, les Sages Atlantéens possédèrent la Connaissance Divine et atteignirent à un haut degré de civilisation, à un degré si élevé, que nous ne saurions nous en faire la moindre idée, à notre époque.

Malheureusement, la Sagesse Divine fut détournée de son véritable but et seulement utilisée pour des fins égoïstes.

Les Sages Atlantéens, en effet, se servirent de leur immense pouvoir pour pratiquer *La Magie Noire*, aussi les *Guides* de l'Humanité ou *Aides Invisibles*, redoutant pour elles des catastrophes spirituelles, laissèrent s'accomplir l'engloutissement du nouveau Continent.

Nous ne poursuivrons pas l'historique de la marche de la Sagesse Divine à travers les temps reculés, que nous venons de mentionner ; nous ne nous occuperons de la Théosophie qu'à partir du commencement de notre Race, c'est-à-dire de la cinquième Race, dite *Aryenne*, qu'on croit généralement originaire du centre de l'Asie, car son berceau a été placé sur les hauts plateaux des monts de l'Himalaya.

D'après divers théosophes, à l'époque des premiers Aryens on désignait la Sagesse Divine : *Brahma-Vidyâ* ou la Connaissance de Brahman (le temps neutre), car en Hindouisme, ce terme de Brahman désigne l'Existence Unique, le Suprême, l'Absolu et cela à l'exclusion de toutes les Energies en action, de toutes les Manifestations quelconques de la vie évoluée.

Nous venons de dire que les sages Atlantéens avaient utilisé leur savoir et leur pouvoir pour exercer et pratiquer la Magie Noire ; nous devons ajouter qu'en effet, à un moment donné, les Mages noirs Atlantéens furent si nombreux qu'ils amenèrent sur leur Continent le cataclysme signalé, mais qu'une grande partie des Atlantéens, qui étaient restés vertueux, furent sauvés du cataclysme et purent aborder, avant la destruction de leur propre continent, sur une partie des terres qui forment aujourd'hui les côtes de la Gascogne, de la Normandie, de la Bretagne Française et de la Grande-Bretagne (1).

Nous avons vu qu'après le grand cataclysme qui amena l'effondrement de l'Atlantide une partie de ses habitants fut sauvée. Quand ceux-ci furent revenus de leur première surprise, qu'ils se furent un peu organisés, ils reçurent par l'intermédiaire d'*Instructeurs*, d'hommes quasi-divins, un enseignement religieux et scientifique. La nouvelle race, la Race-Enfant, qui remplaça les Atlantides, c'est-à-dire la cinquième Race de

---

1. Certains Etymologistes prétendent même que ces Atlantéens auraient coopéré à la formation de peuplades dénommées plus tard : *Les Celtes ;* nous partageons entièrement cette opinion — Cf. BÉLISAMA ou l'*Occultisme Celtique dans les Gaules,* par Ernest Bosc, 1 vol. in-12. H. Daragon, Editeur, Paris, 1909.

la quatrième Ronde, cette Race-Enfant, disons-nous, apprit de ses Instructeurs les Eléments de la Religion-Science, enseignement en partie conservé dans les Livres Sacrés dénommés *Védas*.

Quand la Race Aryenne essaima à travers le monde sur la surface du globe, ces Instructeurs dénommés dans l'Inde antique : Manous, Mahayoguis et Richis, ces Instructeurs, disons-nous, suivirent les émigrations, et dans chacune des contrées où ils pénétrèrent, ils enseignèrent des vérités spirituelles et thésophiques.

Pour instruire les hommes des vérités fondamentales, ayant trait à l'Absolu, à l'Univers, au Cosmos et à l'homme, ils utilisèrent des allégories, des symboles et des paraboles, parce que ce mode d'enseignement leur parut le plus pratique pour inculquer des vérités à des intelligences encore peu évoluées.

Ajoutons que ces mêmes vérités ne pénètrèrent en Chaldée, en Perse et en Egypte que sous les voiles ésotériques d'une Religion révélée ; dans toutes ces religions on retrouve, une fois qu'on a relevé leur voile obturateur, l'Esotérisme de la Religion-Sagesse, c'est-à-dire l'Unique Vérité éternelle.

C'est ainsi qu'on a pu lire sur les anciens cylindres de la Chaldée et de la Perse, sur les tablettes céramiques Assyriennes, de même que sur les anciens manuscrits de l'Egypte et sur les feuillets des papyrus, couverts d'hiéroglyphes, feuillets qu'on retrouve sous les bandelettes des momies, principalement sur leur poitrine et le long de leurs flancs ou de leurs cuisses; c'est grâce à ces anciens manuscrits, disons-nous, qu'on a pu reconstituer sinon en entier, du moins en grande partie, le LIVRE DES MORTS dénommé à tort Rituel funéraire (1).

Ce vénérable monument nous a permis d'apprécier la haute philosophie qui avait cours dans les sanctuaires des temples, du temps des Pharaons.

Après les peuples d'Extrême-Orient, si nous jetons nos regards vers la Grèce, nous voyons que Pythagore et Platon, après avoir étudié de longues années dans les sanctuaires de Thèbes et de Memphis, introduisent dans leur patrie la même sagesse divine, la Brahma-Vidya des Hindous.

Ultérieurement, une nation qui avait puisé dans la science égyptienne ses idées philosophiques et religieuses, se fonda en Palestine et y créa une race puissante et tenace, la Race Hébraïque ou Race Israélite qui ne tarda pas à altérer la Religion-Sagesse par une fâcheuse et fausse interprétation de ses Rabbins et il ne

---

1. Cf. ISIS DÉVOILÉE, *l'Egyptologie sacrée*, 1<sup>re</sup> édition, Chamuel, 2<sup>e</sup> édition, Librairie académique Perrin et C<sup>ie</sup>. — Cet ouvrage est une véritable encyclopédie sous une forme très résumée de toute la civilisation Egyptienne, tout y est passé en revue : religions, mœurs, coutumes, antiquités, etc.

fallut rien moins que la naissance de Jésus de Nazareth (1) pour faire sortir du matérialisme grossier où ils s'étaient embourbés les enfants d'Israël ; aussi peut-on dire, avec raison, que le Grand Essénien Jésus donna la plus vive impulsion à la vie de l'Esprit par sa parole et par celle de ses Disciples (2), aussi empêcha-t-il la Religion-Sagesse de sombrer avec les ruines de l'Empire Romain.

Dans les premiers siècles de l'Eglise chrétienne, la Religion fut influencée par les Néo-Platoniciens et par les Gnostiques qui étaient de véritables Théosophes ; mais avec l'effondrement de l'Empire Romain et l'avènement des Barbares, la lumière théosophique fut un instant voilée, obscurcie ; elle menaça même de s'éteindre en Occident. C'est alors que l'Islamisme Oriental ralluma le flambeau de la Théosophie et les premiers rayons de « l'Aurore d'un nouveau jour » brillèrent dans l'Arabie, grâce aux philosophes musulmans, grâce à Averroès, à Avicenne et à leurs successeurs. C'est dans les ouvrages de ces philosophes que l'on peut étudier la Sagesse divine. Bientôt après apparurent sous le nom

1 Nous engageons nos lecteurs à lire la *Vie Esotérique de Jésus de Nazareth et les origines orientales du Christianisme,* 1 vol. in-8°. Paris. H. Chacornac, 11, quai Saint-Michel et chel H. Daragon, éditeur, Paris.

2. Ceux de nos lecteurs qui désireraient de longs détails à ce sujet, ainsi que sur les Esséniens, n'auraient qu'à consulter la *Vie Esotérique de Jésus de Nazareth.* Voir la note précédente.

d'Alchimistes et d'Hermétistes, des penseurs d'une très grande valeur : l'alchimiste Roger Bacon le moine héroïque, Paracelse le *Docteur admirable*, dont le génie si fort estimé le fit accuser par les ignorants d'avoir fait un pacte avec le Diable ; Giordano Bruno, le savant moine qui, avant d'avoir été brûlé sur le *Campo di fiori* de Rome (1600), avait eu le temps de proclamer hautement les enseignements théosophiques et de les répandre largement autour de lui.

En Allemagne, les propagateurs de ces mêmes enseignements sont : Eckart et le cordonnier Jacob Bœhme, le grand Voyant ; en Angleterre, ce sont : Vaughan et Robbert Fludd ; en Suède, le grand illuminé Emmanuel Swedenborg ; en France, ce sont : Claude de Saint-Martin le *Philosophe Inconnu*, Saint-Germain, Martinez de Pasqually et Willermoz.

Avec ses philosophes, la Théosophie affecte trop souvent un caractère mystique difficilement saisissable, compréhensible pour l'intelligence de la foule, tandis que la Théosophie moderne orientale, la néo-théosophie, si l'on peut dire, malgré des obscurités voulues, a été mise, pour ainsi dire, à la portée de toutes les intelligences ; c'est de celle-là, dont nous nous occuperons dans la présente étude.

Nous terminerons ce court historique en disant qu'aujourd'hui la Théosophie a commencé largement à se répandre, grâce à l'action qu'a su im-

primer à la Société Théosophique sa fondatrice
H.-P. B., admirablement secondée par feu le
colonel américain S. Olcott, cofondateur et
administrateur hors de pair.

En 1872 ou 1873, M$^{me}$ H.-P. B... aurait voulu
que nous fondions en France une branche de la
Société Théosophique ; mais à ce moment, nous
étions tellement absorbé par nos travaux et
publications d'art, que nous dûmes décliner bien
à regret cet honneur ; mais nous promîmes à
M$^{me}$ Blavatsky de nous en occuper, dès que nous
aurions un peu déblayé nos travaux artistiques,
c'est ce que nous avons fait.

Le premier fondateur de la Société Théosophique en France c'est Louis Dramard ; c'est lui, en
effet, qui fonda l'association pour l'étude de la
science ésotérique hindoue ; malheureusement, il
est mort bien jeune, comme va le voir le lecteur ;
voici les dernières paroles sorties de ses lèvres
expirantes : « Ah ! si le peuple pouvait arriver à
les connaître (les vérités morales et sociales)
comme je les connais, avec quelle ardeur il se
joindrait à nous pour les répandre et pour travailler à en infuser l'esprit humanitaire et social
par excellence dans le vieux corps malade et
décrépit de nos sociétés ».

La cruelle maladie emporta Dramard le 13 mars
1888, à Alger ; il n'avait que trente-neuf ans ; il
était malade depuis plus de quinze ans.

### RÉSUMÉ MYSTIQUE DE LA THÉOSOPHIE

La Théosophie est l'exposé le plus complet et le plus parfait des vérités que le Mental humain puisse comprendre et s'assimiler.

Toutefois la compréhension des profonds enseignements qu'elle donne ne peut être acquise qu'au prix de grands et persévérants efforts, surtout au début des études. Plus tard, la joie que procure la plus légère et furtive illumination, compense très largement la difficulté du travail demandé au débutant.

Grâce à l'étude de la Théosophie, l'homme échappe en partie à l'écrasante enveloppe ténébreuse du *Plan Physique*.

La connaissance de son *Moi réel* lui devient possible, et s'il constate avec effroi (ce qui le rend modeste) sa petitesse relative, en face des grands horizons que lui dévoile la Divine Sagesse, il apprend en même temps le *Devenir* glorieux qui l'attend, ainsi que la fortifiante et ineffable certitude de sa divine origine. Il sait aussi, que bien que sa personnalité présente soit humble, infime même, il porte en lui ce germe divin, qui lui assure son progrès, son avancement sur le *Sentier*.

Apprendre à connaître, savoir apprendre à aimer pour servir et pratiquer une effective Union avec le Créateur et son Œuvre ; voilà ce que nous expliquent avec la plus grande clarté les enseignements théosophiques.

La Théosophie, c'est la *lumière* éclatante du soleil et *la vie dans l'Amour !*...

### LES PRINCIPES CONSTITUTIFS DE L'HOMME

La constitution de l'homme comporte sept principes ; nous donnerons leur nom en français et en sanskrit ; ce sont :

1. L'élément physique (*Sthula Sharira*).
2. L'élément astral (*Linga Sharira*).
3. L'élément vital (*Prana*).
4. L'élément passionnel (*Kama*).
5. L'élément intelligent (*Manas*).
6. L'élément spirituel (*Buddhi*).
7. L'élément Divin (*Atma*).

Connaissant nominativement les sept principes, passons à l'étude de la composition ou contexture de ces éléments ou principes constitutifs de l'homme, qui par ordre de leur élévation auraient dû être inscrits hiérarchiquement : 1. Atma ; 2. Buddhi ; 3. Manas ; 4. Kama ; 5. Prana ; 6. Linga Sharira ; 7. Sthula Sharira.

Généralement, on commence la nomenclature par l'élément le plus grossier, l'élément physique et l'on s'élève ensuite jusqu'à Atma. — Nous suivrons cet errement dans l'explication qui va suivre :

1. — STHULA SHARIRA ou le corps physique proprement dit est un composé de matière grossière dense : solide, liquide et gazeuse. La contexture de l'élément du corps physique relève du *plan objectif*, trop connu pour qu'il nous soit nécessaire d'en parler à nos lecteurs ; disons cependant que ce corps est pour ainsi dire *doublé* par une substance subtile (*aithérique*) qui forme à la fois le moule et l'armature du corps physique ; le moule parce qu'il retient et rapproche les molécules physiques et l'armature, parce que ce double aithérique interpénètre tous les éléments qui constituent le corps physique.

Pendant l'hypnose ou pendant le sommeil naturel, le double aithérique s'écarte plus ou moins du corps physique, auquel dans ce cas il est simplement attaché par un lien fluidique. Si ce lien venait à se rompre, sa rupture amènerait la mort de l'individu.

Les Psychurges et les Voyants se rendent compte *de visu* du double aithérique et de la position changeante qu'il occupe autour du corps physique ou loin de celui-ci.

Cette substance aithérique grossière appartient aux sous-plans supérieurs du Plan Physique et sert de véhicule au fluide vital.

2. — LINGA SHARIRA est l'élément astral, c'est-à-dire la matière ou plutôt la substance subtile qui permet à l'homme de se constituer le corps

astral et de se rendre ainsi sur le plan astral inférieur.

C'est ce corps astral (*linga sharira*) qui permet à l'homme de se constituer à distance de son corps physique un Double ou *Fantôme* ; il utilise pour cette transformation le fluide vital de son corps physique ; l'*aura* de celui-ci et le double aithérique secondent et facilitent la manipulation du fluide vital pour créer ce *Double* ou *Fantôme*.

3. — Prana. — Est la potentialité ou plutôt l'essence potentielle divine, essence de toutes forces. Nous savons que Jiva est la vitalité solaire qui émane de la descente en manifestation de la *Vie Une* ; quand elle est différenciée, c'est-à-dire diversement élaborée suivant son passage en divers plans, cette vitalité pénètre dans l'organisme de l'homme et devient *Prana* (la vitalité humaine), car ne l'oublions pas, l'homme est le *Microcosme* du *Macrocosme*.

Jivatma est l'unique force de la nature ; elle vient se localiser dans Prana, d'où elle passe dans l'organisme humain.

4. — Kama. — Est l'élément de la sensation ; il constitue le *Corps du Désir*, l'âme animale, aux instincts passionnels. Ses vibrations appartiennent chez l'homme au quatrième de ses plans (plan de l'*Ego* personnel) plan psychique, proprement dit.

Les vibrations essentielles de Kama sont généralement imprimées à l'aide des sens sur le premier et le second plan : elles sont accrues par l'intervention partielle des quatrième et cinquième plans ; c'est pourquoi Kama a des aspects multiples. Si on le maîtrise au lieu d'entraîner Manas vers la vie animale et vers les jouissances matérielles qui ruinent l'âme humaine, l'homme peut s'en servir aussi pour faire le bien et pratiquer l'altruisme.

Quand une portion de substance manasique relie Kama à Manas, cette portion est dite *Kama-manasique*.

5. — MANAS. — L'élément manasique dérive directement de *Mahat* ou Intelligence Cosmique ; cet élément appartient au cinquième plan de l'homme (au plan de l'*Ego* individuel). — Le Manas, proprement dit, est le vrai penseur ; il n'est que fort peu réalisé dans l'homme actuel. C'est aussi le foyer intelligent hominal, le corps causal sublime.

6. — BUDDHI. — L'élément Buddhique, le premier des principes spirituels dénommé également l'âme divine ou spirituelle, est encore moins développé dans l'homme actuel que Manas ; Buddhi est l'hypostase du rayon de substance Divine ; c'est une matière extrêmement subtile, aussi est-elle plus rapprochée de l'esprit proprement dit, dont il est en quelque sorte le véhicule.

7. — ATMA. — C'est le rayon de la substance divine, du Père céleste ; c'est l'Esprit ou la Parcelle de la VIE UNE, qui se trouve autour de nous et en nous ; c'est le Moi Supérieur non indi-

vidualisé, que nous ne pouvons comprendre actuellement ; nous ne pouvons faire qu'une chose, admettre l'existence de cette Vie Une et aspirer de tout notre pouvoir, et de plus en plus, vers elle...

Du reste, toutes les Ecritures sacrées Védantines et Bibliques ont déclaré que Dieu est dans l'homme : *est Deus in nobis*, et le doux Nazaréen n'a-t-il pas dit : « Le Père Céleste, moi et mes Disciples ne faisons qu'un, sommes consommés dans l'*Unité* » (1).

Voici une nouvelle dénomination des plans d'après un système solaire, plans qu'on divise en trois groupes :

1° Les plans supérieurs sont respectivement dénommés : *Anupadaka*, c'est-à-dire le plan où nul véhicule n'a encore été fourni ; et *Adi,* c'est-à-dire le premier ; nous ne saurions parler de ces deux plans parce qu'ils surpassent nos conceptions actuelles, car ces plans représentent le champ de l'activité Divine de laquelle découlent toutes les énergies, qui vivifient toute chose ;

2o Les deux plans médians, c'est-à-dire le plan Buddhique et le plan Atmique, qui sont le champ de l'évolution humaine *hyper-normale* de l'évolution Spécifique de l'Initié, après la première grande Initiation ;

3o Les trois plans inférieurs, c'est-à-dire : le

1. Saint-Jean, chap. XVII, 22, 26.

plan physique, le plan astral et le plan mental qui forment le champ de l'évolution minérale, végétale, élémentale, animale, de même que de l'évolution normale de l'homme.

Ces trois plans inférieurs sont très souvent dénommés : *les trois mondes*.

Nous donnerons ici l'opinion d'un théosophe français de très grande valeur, d'un homme de génie, qui a été très méconnu jusqu'ici de ses contemporains ; voici en effet, ce que Fabre d'O-livet, dit de la Constitution intellectuelle métaphysique de l'homme (1).

L'homme comme je viens de le dire, appartient à une nature triple ; il peut donc vivre d'une triple vie : d'une vie intuitive, d'une vie animique ou d'une vie intellectuelle. Ces trois vies, quand elles sont toutes les trois développées, se confondent dans une quatrième, qui est la vie propre et volitive de cet être admirable, dont la source immortelle est dans la vie et la volonté divine. Chacune de ces vies a son centre particulier et sa sphère appropriée.

Je vais tâcher de présenter à l'esprit du lecteur une vue métaphysique de la Constitution intellectuelle de l'homme ; mais je dois le prévenir qu'il ne doit rien concevoir de matériel dans ce que je dirai à cet égard. Quoique je sois obligé

---

1. Fabre d'Olivet, Etat social de l'homme, *Introduction,* § 3. Paris, 1822.

pour me faire comprendre de me servir de termes qui rappellent des objets physiques, tels que ceux de centre, de sphère, de circonférence, de rayon, etc... on ne doit point penser qu'il entre rien de corporel, ni surtout rien de mécanique dans ces choses. Ces mots que j'emploierai, faute d'autres, doivent être entendus par l'esprit seul, et abstraction faite de toute matière.

L'Homme considéré spirituellement, dans l'absence de ses organes corporels, peut donc être conçu sous la forme d'une sphère lumineuse, dans laquelle trois foyers centraux donnent naissance à trois sphères distinctes, toutes les trois enveloppées par la circonférence de cette sphère.

De chacun de ces trois foyers rayonne une des trois vies dont j'ai parlé. Au foyer inférieur appartient la vie instinctive ; au foyer médian, la vie animique ; et au foyer supérieur la vie intellectuelle. Parmi ces trois centres vitaux, on peut regarder le centre animique comme le point fondamental ; le premier mobile sur lequel repose et se meut tout l'édifice de l'être spirituel humain. Ce centre en déployant sa circonférence atteint les deux autres centres, et réunit sur lui-même les points opposés des deux circonférences qu'ils déploient, en sorte que les trois sphères vitales, en se mouvant l'une dans l'autre se communiquent leurs natures diverses et portent de l'une à l'autre leur influence réciproque.

Dès que le premier mouvement est donné à

l'être humain en puissance, et qu'il passe en acte par un effet de sa nature, ainsi déterminée par la cause première de tous les êtres, le foyer instinctif attire et développe les éléments du *corps;* le foyer animique crée l'âme et l'intellectuel élabore l'*esprit.* L'homme se compose donc de corps, d'âme et d'esprit. Au corps appartiennent les *besoins,* à l'âme les *passions,* à l'esprit les *ins- pirations.*

A mesure que chaque foyer grandit et rayonne, il déploie une circonférence qui, se divisant par son rayon propre, présente six points lumineux, à chacun desquels se manifeste une faculté, c'est-à-dire un mode particulier d'action selon la vie, de la sphère animique, instinctive, intellectuelle.

Afin d'éviter la confusion, nous ne nommerons que trois de ces facultés sur chaque circonférence, ce qui nous en donnera neuf en tout ; savoir :

Pour la sphère instinctive : la *sensation,* l'*instinct,* le *sens commun.*

Pour la sphère animique : le *sentiment,* l'*entendement,* la *raison.*

Pour la sphère intellectuelle : l'*assentiment,* l'*intelligence,* la *sagacité.*

L'origine de toutes ces facultés est d'abord dans la sphère instinctive : c'est là qu'elles prennent toutes naissance et qu'elles reçoivent toutes leurs premières formes. Les deux autres sphères, qui ne se développent qu'après, n'acquièrent leurs facultés relatives que secondairement, et par

transformation ; c'est-à-dire que la sphère instinctive étant entièrement développée et portant
par son point circonférentiel, la *sensation* par
exemple, au centre animique, ce centre est
ébranlé ; il se déploie, s'empare de cette faculté
qui l'émeut et transforme la sensation en *sentiment*. Ce sentiment, porté de la même manière et
lorsque toutes les conditions sont remplies pour
cela, au centre intellectuel, y est saisi à son tour
par ce centre et transformé en *assentiment*. Ainsi
l'*instinct* proprement dit, passant de la sphère
instinctive dans l'animique, s'y transforme en
*entendement ;* et l'entendement devient intelligence par suite de son passage de cette dernière
sphère dans la sphère intellectuelle. Cette transformation a lieu pour toutes les autres facultés de
ce genre quel qu'en soit le nombre.

Mais cette transformation qui s'exécute sur les
facultés du genre de la sensation, que je considère
comme des affections circonférencielles, et par
conséquent extérieures, s'exécutent aussi sur les
besoins qui sont les affections centrales, intérieures ; de manière que le besoin parte du centre
instinctif au centre animique, y devient, ou peut
y devenir passion ; et que si cette passion passe
des centres animiques au centre intellectuel,
elle peut y prendre le caractère d'une inspiration et réagir sur la passion, comme la passion
réagit sur le besoin.

A présent, considérons que toute affection circonférencielle du genre de la sensation excite un mouvement plus ou moins fort dans le centre instinctif, et s'y représente à l'instant comme *plaisir* ou *douleur*, selon que ce mouvement est agréable ou fâcheux, et qu'il prend sa source dans le *bien* ou dans le *mal* physiques. L'intensité du plaisir ou de la douleur est relative à celle du mouvement excité et à sa nature. Si ce mouvement a une certaine force, il fait naître, selon qu'il est agréable ou douloureux, deux effets inévitables : l'*attrait* qui l'attire ou la *crainte* qui le repousse ; s'il est faible ou douteux il produit *l'indolence*.

De même que le centre instinctif perçoit par la sensation le bien et le mal physiques sous le nom de *plaisir* et de *douleur*, le centre animique développe par le sentiment le bien et le mal moraux sous les noms d'*amour* et de *haine ;* et le centre intellectuel se représente le bien et le mal intellectuels sous les noms de *vérité* et *d'erreur.* Mais ces effets inévitables d'attrait ou de crainte qui s'attachent à la sensation instinctive, selon qu'elle excite le *plaisir* ou la *douleur*, ne survivent pas à cette sensation et disparaissent avec elle ; tandis que, dans la sphère animique, le sentiment qui fait naître l'amour ou la haine, amène également deux effets certains, le *désir* ou la *terreur*, loin de disparaître avec la cause du sentiment, qui les a produits, persistent au contraire, encore longtemps après ce même sentiment, prennent le caractère des passions, et appellent ou repoussent la cause qui les fait naître. La différence notable de la vie instinctive et de la vie animique est là : le lecteur attentif et curieux doit le remarquer et y réfléchir. Les sensations instinctives sont toutes actuelles et leurs effets instantanés ; mais les sentiments animiques sont durables, indépendamment du mouvement physique qui les produit. Quant aux assentiments intellectuels, qui affirment la vérité ou l'erreur, ils sont non seulement durables comme les sentiments, mais influents, encore alors même qu'ils sont passés.

Pour ce qui est de l'*indolence*, qu'excite un mouvement faible ou douteux dans la sensation physique, elle se transforme en *apathie* dans le sentiment moral, et en cette sorte d'*indifférence*, dans l'assentiment intellectuel, qui confond la vérité et l'erreur, et laisse insouciant sur l'une comme sur l'autre. Cet état habituel dans l'enfance de l'individu, comme dans l'enfance du règne, domine également dans celle des sociétés.

Cette existence tripliforme de l'homme, quoiqu'elle paraisse déjà très compliquée, à cause des actions nombreuses et des réactions qu'opèrent incessamment les uns à l'égard des autres, les besoins instinctifs, les passions animiques et les inspirations intellectuelles, serait encore très simple, et n'offrirait guère que celle d'un être nécessité, si nous n'avions pas à considérer cette quatrième vie, qui renferme les trois autres et donne à l'homme la liberté, qu'il n'aurait pas sans elle.

Redoublons ici d'attention, car le sujet est important et difficile.

Par le centre même de la sphère animique, premier mobile de l'être spirituel humain, porte un autre centre qui y est inhérent ; dont la circonférence, en se déployant, atteint les points extrêmes des sphères instinctives et intellectuelles, et les enveloppe également. Cette quatrième sphère, dans l'intérieur de laquelle se meuvent les trois sphères de l'instinct, de l'âme et de l'esprit, à la place et selon le mode que j'ai tâché de décrire, est celle de la puissance efficiente, volitive, dont l'essence, émanée de la Divinité est indestructible et irréfragable comme elle. Cette sphère, dont la vie incessamment rayonne du centre à la circonférence, peut s'étendre où se resserrer dans l'espace aithéré jusqu'à des bornes qui pourraient s'appeler infinies, si DIEU n'était par le seul être infini. Voilà quelle est la sphère lumineuse dont j'ai parlé au commencement de ce paragraphe.

Lorsque cette sphère est suffisamment développée, sa circonférence, déterminée par l'étendue de son rayon, admet un grand nombre de facultés ; les unes primordiales, les autres secondaires, faibles d'abord, mais qui se renforcent graduellement à mesure que le rayon qui les produit, acquiert de la force et de la grandeur. Parmi ces facultés, nous en nommerons seulement douze ; six primordiales et six secondaires, en commençant par les plus inférieures et finissant par les plus élevées. Ces douze facultés sont :

L'attention et la perception.

La réflexion et la répétition.

La comparaison et le jugement.

La rétention et la mémoire.

Le discernement et la compréhension.

L'imagination et la Création.

La puissance volitive qui porte ses facultés partout avec elle, les place où elle veut, dans la sphère instinctive, dans l'animique, dans l'intellectuelle ; car cette puissance est toujours là où elle veut être. La triple vie que j'ai décrite est son domaine, elle en use à son gré, sans que rien puisse attenter à sa liberté qu'elle-même, ainsi que je le dirai dans la suite de cet ouvrage.

Dès qu'une sensation, un sentiment, un assentiment, se manifestent dans l'une des trois vies qui lui sont soumises, elle en a la *perception*, par l'*attention* qu'elle leur donne ; et, usant de sa faculté de s'en procurer la répétition, même en l'absence de leur cause, elle les examine par la *réflexion*. La *comparaison* qu'elle en fait, selon le type de ce qu'elle approuve ou de ce qu'elle n'approuve pas, détermine son jugement. Ensuite elle forme sa *mémoire* par la *rétention* de son propre travail, arrive au *discernement*, et par conséquent à la *compréhension*, et enfin rassemble, rapproche par l'*imagination* les idées disséminées et parvient à la *création* de sa pensée. C'est bien à tort, comme on voit, que l'on confond, dans le langage vulgaire, une *idée* et une *pensée*. Une idée est l'effet simple d'une sensation, d'un sentiment ou d'un assentiment; tandis qu'une pensée est un effet composé, un résultat quelquefois immense. Avoir des idées, c'est sentir, avoir des pensées, c'est opérer.

La même opération que je viens de décrire succinctement s'exécute de la même manière sur les besoins, les passions et les inspirations ; mais, dans ce dernier cas, le travail de la puissance volitive est central ; au lieu que, dans le premier cas, il était circonférenciel. C'est ici où cette magnifique puissance se montre dans tout son éclat, devient le type de l'Univers, et mérite le nom de microcosme que toute l'Antiquité lui a donné.

De même que la sphère instinctive agit par *besoin*, l'animique par *passion*, l'intellectuelle par *inspiration*, la sphère volitive agit par *détermination* ; et de là, dépend la liberté de l'homme, sa force, et la manifestation de sa céleste origine. Rien n'est si simple que cette action que les philosophes et les moralistes ont eu tant de peine à expliquer. Je vais tâcher de la faire sentir.

La présence d'un besoin, d'une passion ou d'une inspiration, excite dans la sphère où elle est produite un mouvement giratoire plus ou moins rapide, selon l'intensité de l'un ou de l'autre : ce mouvement est ordinairement appelé *appétit* et *appétence* dans l'instinct, émotion ou entraînement dans l'âme et dans l'esprit ; souvent ces termes se substituent les uns aux autres et se varient par des synonymes, dont le sens exprime plus ou moins de force dans le mouvement. La puissance volitive, qui en est ébranlée, a trois déterminations dont elle est libre de faire usage : premièrement elle cède au mouvement, et sa sphère tourne du même côté que la sphère agitée ; secondement elle y résiste et tourne du côté opposé ; troisièmement elle demeure en repos. Dans le premier cas, elle se laisse nécessiter par l'instinct, entraîner par l'âme ou émouvoir par l'esprit, et cousine avec le besoin, la passion ou l'inspiration ; dans le second elle les combat, et amortit leur mouvement par le sien ; dans le troisième elle suspend l'acquiescement ou le rejet et examine ce qui lui convient le mieux de faire. Quelle que soit sa détermination, sa volonté efficiente, qui se manifeste librement, trouve des moyens de servir ses diverses appétences, de les combattre, ou de méditer sur leurs causes, leurs formes et leurs conséquences. Ces moyens, qui sont dans le rayonnement continuel du centre à la circonférence, et de la circonférence au centre, sont très nombreux. Je vais seulement signaler ici, ceux qui s'attachent plus particulièrement aux douze facultés que j'ai déjà nommées.

L'attention et la perception agissent par *individualisation* et *numération*.

La réflexion et la répétition par *décomposition* et *analyse*.

La comparaison et le jugement par *analogie* et *synthèse*.

La rétention et la mémoire par *méthode* et *catégorie*.

Le discernement et la compréhension par *induction* et *déduction*.

L'imagination et la création par *abstraction* et *généralisation*.

L'emploi de ces moyens et de beaucoup d'autres qu'il serait trop long d'énumérer, s'appelle *méditation*. La méditation constitue la force de la volonté qui l'emploie. L'acquiescement de cette volonté ou sa résistance, selon qu'ils sont bien ou mal appliqués, selon qu'ils sont simultanés ou longtemps débattus, font de l'homme un être puissant ou faible, élevé ou vil, sage ou ignorant, vertueux ou vicieux : les oppositions, les contradictions, les orages de toutes sortes qui s'élèvent dans son sein, n'ont point d'autres causes que les mouvements des trois sphères vitales, l'*instinctive*, l'*animique*, l'*intellectuelle* souvent opposées entre eux, et plus souvent encore contradictoires avec le mouvement régulateur de la puissance volitive, qui refuse son adhésion déterminative ou qui, ne la donne, qu'après de violents combats.

Lorsque les déterminations de la volonté ont lieu sur des objets du ressort de la sensation, du sentiment ou de l'assentiment, l'acquiescement ou la résistance suivent simultanément l'impulsion de l'instinct, de l'entendement ou de l'intelligence, et portent leur nom : quand ils sont précédés de la méditation, ils prennent le caractère de sens commun, de la raison, de la sagacité et sont dits leur appartenir et même, être leur propre création.

## L'Hygiène Mentale

Le médecin s'occupe avec raison de l'Hygiène physique, mais l'homme a grand tort suivant la Théosophie de négliger l'Hygiène Mentale qui a une grande importance et une action si puissante sur l'Hygiène physique même ; celle-ci, en effet, ne saurait être assurée sans celle-là.

Or le premier travail à accomplir pour posséder l'hygiène mentale, c'est de purifier ses véhicules physique, astral et mental.

La première chose à observer pour arriver à purifier promptement ses véhicules, c'est de pratiquer le *Végétarisme*, la *Diététique Végétarienne*, de s'abstenir de boissons fermentées et de tout excitant quelconque.

Le Régime végétarien est absolument indispensable pour épurer les organes et la composition organique du corps physique et lui permettre d'être moins réfractaire aux vibrations qui lui viennent des plans supérieurs de l'espace ; il met le corps dans un état réceptif pour les bonnes choses ; intellectualité, télépathie, sensitivité, etc., etc. — de même que la maladie est un état de réceptivité pour le mal, pour les choses mauvaises.

Les Religions qui ordonnent à leurs fidèles, les jeûnes et les macérations oublient malheureusement que notre enveloppe matérielle, notre *Sarcosome* (corps de chair) est composé d'êtres vivants et sensibles, auxquels il est injuste d'imposer des douleurs inutiles, bonnes seulement à briser ou tout au moins atrophier leurs facultés vitales ; de plus ces austérités détruisent l'harmonie qui doit toujours subsister dans les véhicules humains ; il ne faut donc rien exagérer (1).

La purification du corps physique est simple et relativement facile à s'imposer, surtout, si l'on y adjoint des habitudes d'ordre et d'exactitude dans la vie quotidienne ; enfin, si l'on renonce aux distractions purement mondaines, ainsi qu'aux lectures frivoles et aux conversa-

---

1. Les Esotéristes un peu avancés admettent que le corps de l'homme est composé de microbes en état de dualité constante : les microbes de la santé ou phagocytes et ceux de la maladie, et que la prédominance des uns ou des autres fait que l'homme est en bonne santé ou malade. Voilà pourquoi toutes les injections sous-cutanées ou hypodermiques qui ont la prétention de vacciner l'homme contre la variole, le charbon, la diphtérie, le croup, la peste, le choléra, etc. constituent de véritables empoisonnements du sang.

tions banales au point de vue d'une morale stricte (1).

La purification du corps astral demande plus d'efforts, car sa prépondérance en nous, est grande, surtout qu'uni au mental inférieur, ce corps paraît être notre *Moi* véritable, en sorte que pour l'homme qui ignore les enseignements lumineux de la Théosophie, le *Kama-Rupa* est en réalité le seul maître, l'Impulseur presque toujours obéi, dans la Vie terrienne.

La douleur physique, résultant des appétits déréglés du corps kamique (corps passionnel, corps du désir ou des sensations) ainsi que les moyens coercitifs des milieux civilisés mettent seuls un frein salutaire aux exigences égoïstes et tyranniques de ce corps kamique.

Purifier sans détruire, ni même affaiblir le corps kamique, si essentiel à notre progrès, doit attirer toute notre attention, car ce corps est un pont jeté sur le gouffre qui sépare l'Ego réel, individuel de la Personnalité humaine transitoire.

Peut-être est-il préférable pour les personnes, qui commencent la purification de ce corps, à faire des efforts modérés, successifs, pour se corriger et non vouloir le dompter tout d'un coup, car dans ce cas, il faudrait pour y réussir, posséder

---

1. Nous conseillons à nos lecteurs de lire le seul TRAITÉ DE YOGA en langue française, notamment le chapitre qui traite *de la Méditation*, 1 vol. petit in-8°, Paris, H. Daragon, 1908.

une puissance de volonté extraordinaire, ce qui est encore fort rare chez l'homme moderne.

En faisant chaque jour délibérément de faibles efforts pour discipliner ses désirs, l'âme orientée de plus en plus vers la vérité par ses études et ses méditations pourra obtenir de partielles victoires sur son véhicule Kamique, puis graduellement en devenir le Maître ; enfin, parvenir à transmuter en nobles désirs, en émotions religieuses les énergies de ce corps et en éveiller les pouvoirs occultes, mais il faut toujours agir dans un but impersonnel, car le personnalisme est ce qui nuit le plus au progrès du Soi humain.

Voilà une vérité, un axiome pourrions-nous dire, que doivent bien se mettre dans l'esprit les étudiants en théosophie pour lesquels nous avons écrit cette présente étude.

La purification, ainsi que le développement de notre corps mental (manas inférieur), est une chose capitale pour notre devenir.

Quand on réfléchit quelque peu sur les Enseignements Esotériques, il est facile de s'en convaincre et d'en comprendre toute l'importance. — Alors avec courage, il faut se mettre à l'œuvre, sans nous laisser décourager par le peu de progrès que nous constatons avec trop de tristesse parfois ; ce qui vient de notre vanité ou de notre égoïsme.

Il nous faut premièrement exercer un contrôle sur le mental, afin de n'y laisser pénétrer que de nobles et pures pensées; ensuite ne créer en nous-même, que des *Formes-Pensées* de bonté, de bien-veillance et de dévouement envers autrui ; enfin établir en notre mental un centre actif de pen-sées élevées et pures ; lequel centre aspire dans notre atmosphère animique et bien au delà de notre *Aura*, des pensées, de nature à aider, à puri-fier nos frères dans leur évolution, sans même nous préoccuper de notre propre avancement, attendu que la Race ne formant en réalité qu'un tout homogène (puisque nous savons que la sépa-rativité n'est qu'illusion), nous bénéficions du Progrès Général, mais nous avons en plus la joie *intime* de savoir aussi, que nous servons la *Bonne Loi* et devenons les humbles collaborateurs des *Aides-invisibles* et Adeptes de la THÉOSOPHIE.

Pour purifier et discipliner le mental, il faut contrôler avec persévérance, avec persistance notre volonté sur lui, et créer délibérément les *Formes-Pensées* pouvant soutenir la faiblesse de ceux de nos frères que nous savons souffrants ou dans des crises d'âmes, parfois terribles ; car celles-ci sont vraiment douloureuses.

Nous devons faire aussi des lectures sérieuses, à heures fixes, autant que possible ; méditer long-temps sur des sujets élevés, sur des vérités peu comprises, enfin nous devons avoir des pensées d'amour et de vénération pour nos Maîtres Ins-tructeurs.

Il nous faut aussi créer un idéal, puis contempler cette forme projetée par nous en faisant effort pour la réfléchir en partie du moins dans quelque action de notre vie journalière.

Dans ce genre d'exercice éminemment utile pour l'évolution de notre mental, nous ne devons tout d'abord ne pas imposer à notre cerveau une trop longue tension d'esprit, une fixation trop prolongée sur une pensée déterminée, afin de ne pas faire, de cet exercice cérébral une souffrance physique ; mais par la répétition journalière de cet effort, celui-ci ne causera plus de fatigues et nous arriverons assez promptement à nous abstraire des préoccupations inutiles ou frivoles du corps physique, ainsi qu'à dompter la fougue des désirs de notre corps *Kamique* ou passionnel.

C'est par l'organisation du *Corps mental* que se développe la volonté, et qu'elle s'exerce d'une manière rationnelle.

L'*Ego Humain* ou *Manas Supérieur* crée en tirant de sa propre substance une sorte d'appendice de lui-même, destiné à le mettre en rapport direct avec les véhicules astral, aithérique et physique, ce fils du Manas Supérieur bien organisé, devient le Serviteur intelligent et soumis de son père : Le *Manas Supérieur* où l'Homme Réel ; parfaitement uni à lui, il est l'organe de la volonté, expression de l'*Ego*.

Voilà pourquoi tous nos efforts doivent tendre à purifier, à développer le corps mental.

Le Plan mental où naît et sur lequel vit

l'Homme Réel, l'EGO, qui est le Générateur des forces qui se manifestent sur les plan astral et physique.

Nous devons ne pas oublier que c'est là, que s'élabore notre progrès, puisque nous n'exécutons rien ici-bas, sans que l'*Image mentale* n'ait été préalablement formée dans la matière de ce plan, pour être ensuite vivifiée sur le Plan astral et se réaliser finalement (en dernier lieu) sur le Plan physique.

Quand nous sommes bien parvenus à comprendre la Loi qui préside à notre développement, nous jugeons alors de quelle importance est pour nous la purification de nos véhicules de conscience et, plus particulièrement, de notre véhicule mental.

La sincérité en toutes choses (pensées, paroles, actions) est le premier moyen que nous devons employer dans ce but ; *car la sincérité* en tout et pour *tout* est absolument *nécessaire*, indispensable au *Disciple*, qui veut étudier l'*Esotérisme*, il ne faut pas l'oublier.

Du reste, sans la recherche constante de la vérité et une ferme résolution de devenir *Vrai* soi-même, l'Esotérisme et l'Occultisme n'offrent que des dangers pour l'Etudiant ; bien souvent, il ne saurait éviter la chute, elle est presque inévitable, et elle est d'autant plus terrible, que l'Etudiant sera parvenu à un plus haut degré de savoir et de connaissance pratique. C'est pour cela que l'on doit toujours prévenir celui qui veut s'engager sur le sentier de l'Occultisme ou de l'Esotérisme des dangers nombreux qu'il peut y courir.

### Sur les Logoï

Il existe trois Logoï au-dessus duquel plane **Le Logos UN**, le Dieu manifesté, l'âme de l'Univers dénommé en sanskrit « Brahma ».

Il ne nous est pas possible de le concevoir sans être induit en erreur ; l'Existence non manifestée d'où émane Brahman (Parabrahman nous disent les Théosophes avancés), est le suprême Brahman. On le nomme, puis on doit se taire, car on ne saurait en rien dire ; c'est en effet l'*Inconcevable*, l'*Incompréhensible*, l'*Inconnaissable !!!*

Les trois Logoï ou triple logos constituent la Triade ou *Trimourty* de toutes les religions anciennes ou modernes.

Quand un Univers est appelé à l'existence, le premier Logos constitue la première ondulation de l'Etre, c'est-à-dire la Vie, cause première de tout ce qui sera, de tout ce qui deviendra.

Le second Logos révélé par le premier comporte en lui les deux principes essentiels à la formation de l'Univers, à savoir : la *Vie* ou *Jiva*, qui fournira l'Energie ou la Forme, *Rupa* qui manifestera cette énergie. Le second Logos comporte une dualité : amour et sagesse.

Enfin le troisième Logos qui est l'*Idéation Divine* est l'Intelligence Supérieure, qui dirige l'Univers en formation.

Après la révélation des trois Logoï qui sont la tête de la Hiérarchie, nous trouvons des Intelligences Spirituelles ; en premier lieu, celles qui ont atteint dans le cours des Cycles passés l'individualité spirituelle, celles-ci constituent les *Constructeurs ;* viennent ensuite en poursuivant la hiérarchie descendante les *Esprits Planétaires,* au-dessous desquels existent un certain nombre d'Esprits, qui ne s'incorporent humainement que dans un futur Univers physique, enfin plus bas, se trouvent les *Esprits de la Nature* ou *Elémentals,* parmi lesquels les plus élevés sont des *Esprits lumineux* dénommés *Devas* chez les Hindous et Anges chez les Israélites, les Chrétiens et les Musulmans.

Ces habitants de l'espace aithéré sont des Entités actives du Kosmos et les Phénomènes naturels ne sont que la manifestation physique de leur présence, car ils travaillent constamment dans toutes les régions de l'Univers, comme le fait l'homme sur notre globe.

L'Homme Moderne n'est qu'au début ou au milieu de son évolution, aussi possède-t-il en lui, en germes, des facultés et des pouvoirs latents, qui se développeront ultérieurement au cours de son évolution.

### LES RÉGIONS OU PLANS DE L'UNIVERS

L'Univers comporte sept Régions distinctes, ayant chacune son caractère particulier, et l'homme peut se mettre en rapport avec chacune d'elles, par les éléments correspondants de sa propre nature, dont nous avons déjà parlé dans les précédents paragraphes, notamment dans les sept Principes constitutifs de l'homme ; donc l'homme est mis en rapport avec les régions du Cosmos, par la constitution de sa nature même.

Notre Cosmos comprend sept *Régions* ou *Plans*, le plus bas, c'est-à-dire le plus inférieur aussi, est l'Univers Physique, avec lequel l'homme se met en rapport avec son corps matériel (*sthula sharira*) et c'est à l'aide de ses sens physiques qu'il perçoit les impressions et les sensations des objets extérieurs, dont l'existence n'est révélée que par l'impression que ces objets produisent sur les sens.

La seconde Région ou Plan est le *Plan* astral, avec lequel l'homme entre en relation au moyen de son corps astral (*Linga Sharira*) ou corps subtil, et nous affirmons que c'est surtout pendant le sommeil naturel ou artificiel que les activités du corps astral sont plus perceptibles, parce que les vibrations du corps physique sont plus calmes, c'est pour cela que le silence est le grand

développeur des Idées de notre perfectionnement, de notre évolution.

Le troisième Plan est le *Plan mental*, sur lequel l'homme a accès au moyen de son véhicule
mental, nous en parlons un peu plus loin.

Le quatrième Plan est le *Plan Buddhique* et
le cinquième le *Plan Atmique* : enfin, les deux
derniers plans, ceux qui sont hiérarchiquement
placés au-dessus du *Plan Atmique*, sont totalement inconnus à l'homme, aussi ne saurait-on en
parler ; nous ne pouvons que les nommer ; ce
sont le Para-Nirvâna et le Maha-Nirvâna.

En définitive, trois plans seulement sont atteints
consciemment par la moyenne de l'humanité ;
*Buddhi* et *Atma* sont bien au delà de la portée de
l'homme ordinaire.

Nous allons étudier maintenant le Plan astral,
car celui-ci a pour l'homme un très grand intérêt ;
c'est même celui-ci qui mérite de fixer au plus
haut point l'attention du vivant ; enfin nous par-
lerons du *Corps Mental* et du *Plan Mental*.

## LE PLAN ASTRAL ET LE CORPS ASTRAL

Par l'étude du corps physique et de son double aithérique, nous savons comment l'homme
vit sur le Plan physique, exprimant son savoir
et son pouvoir à travers ces deux véhicules inférieurs, nous pouvons étudier dès lors son troi-

sième ou plutôt son deuxième véhicule (le *Corps astral*) celui qui permet de fonctionner sur le *Plan astral* ; d'abord sur la première subdivision de celui-ci, peu différente de la surface de notre globe et s'interpénétrant en quelque sorte avec cette surface...

Chaque véhicule de l'homme lui est également une limite et une protection, mais ils ne restent tels, que parce que la conscience de l'homme n'est qu'imparfaitement éveillée, par conséquent inhabile à se servir de ces instruments, pouvant les prendre et les quitter à volonté, ce qui arrive quand l'*Ego* individuel est très développé.

L'homme est, en définitive, ce qu'il *peut* exprimer de sa conscience sur les différents plans de l'Univers, mais en réalité, il est plus que ce qu'il manifeste.

Le Plan astral avec ses sept subdivisions ou régions distinctes, bien que s'interpénétrant l'une l'autre, sont des régions déterminées de l'Univers, entourant le monde physique, mais qui échappe à nos observations ordinaires,

Chacune des sept régions de ce plan de la Nature a sa matière, sa substance propre et son aspect particulier, que les Voyants entraînés peuvent parfaitement décrire.

Dans la vie physique, l'homme en dégagement astral naturel ou provoqué peut parcourir, d'une manière plus ou moins libre, l'ensemble des régions diverses de l'astral, bien que généralement peu d'individualités dépassent de leur vivant la troisième région. Mais après la mort du corps, l'*Ego* doit habiter exclusivement le milieu de ce monde fluidique de la substance, duquel est formée son enveloppe ou véhicule astral.

A mesure que le désincarné se dépouille des plus grossiers éléments de la région où il a été forcé de demeurer, il sent d'abord sa conscience s'é-veiller sur un plan immédiatement supérieur, ainsi de suite jusqu'à ce qu'il puisse abandonner le plan astral pour vivre dans le plan Mental ou Manasique.

M^me A. Besant dit que chaque atome physique a son enveloppe astrale sertissant en quelque sorte chacun d'eux ; et voici pourquoi : La substance astrale sert de véhicule à Jiva, la vie une, qui anime toute chose ; par elle les courants de Jiva entourent, nourrissent chaque particule de matière et donnent ainsi naissance à la force vitale et de même à toutes les énergies électriques, magnétiques, chimiques et autres ; ainsi qu'à l'attraction, cohésion et répulsion ; le tout étant la différenciation de la vie UNE.

Jiva pénétrant le monde physique passe à l'aither de ce dernier monde ; cet aither devient, à son tour, le véhicule (double aithérique) qui transforme toutes ces énergies aux degrés inférieurs.

L'existence dans le monde astral inférieur a beaucoup d'analogie avec celle du monde physique, et bien qu'étant la région par excellence de l'illusion, elle est cependant peuplée d'êtres et de choses d'une réalité supérieure au Plan Physique de la Planète.

Il est dangereux de s'efforcer, avant le développement mental, d'obtenir la vision astrale, car les phénomènes généraux, les sons ou vibrations de ce monde sont de nature à troubler, à alarmer même l'âme dont le véhicule astral étant encore incomplètement organisé court de grands risques, nous le répétons, d'après Annie Besant, dans ce vaste monde, si étrangement habité !...

Il est très essentiel de développer notre véhicule astral par les sages méthodes qu'indiquent nos Instructeurs, car il est grandement nécessaire d'organiser ce corps et de nous habituer à agir par lui sur le Plan astral, et cela dès cette vie terrestre.

Sans le corps astral, comme intermédiaire, il n'y aurait aucun lien entre le monde extérieur et l'intelligence de l'homme, car c'est dans le corps astral que l'impression se transforme en sensation, pour être ensuite perçue par le mental.

Le véhicule astral est formé, dans diverses proportions, de la substance des sept régions de ce plan de l'activité cosmique. Il englobe des matériaux plus ou moins subtils, selon son degré d'avancement.

Le corps astral est l'image idéalisée de l'homme quand celui-ci a développé suffisamment ce véhi cule de sa conscience. Pour l'Etre peu évolué, sa laideur intime se dévoile complètement dans l'enveloppe astrale, au point de donner à celle-ci comme une apparence bestiale, exprimant diverses passions animales ; mais nous devons ajouter que certains théosophes n'admettent pas cette dernière idée.

Le Plan astral est plein de formes-pensées, constituées d'essence mentale animée par une pensée ; et notre corps astral étant surtout sensible aux impressions mentales, il est évident que nous devons travailler à faire un choix judicieux des pensées, auxquelles nous donnons accès dans notre mental, ainsi que de celles que nous émettons constamment.

Considérons que la substance astrale dont notre corps fluidique est formé répond très facilement aux vibrations qui lui viennent du plan mental ; que de plus, la matière est continuellement brassée par des courants d'énergie mentale ; ce ne sont donc à travers tout le monde astral que changements incessants, sous l'impulsion des pensées et le corps astral de l'homme, composé de cette substance, participe à cette sensibilité vibrant en réponse à toute idée qu'il perçoit...

## LE PLAN MENTAL

Le monde mental, deuxième sphère concentrique entourant notre globe physique et formant avec lui ce qu'on peut appeler le royaume de l'homme est formé d'une substance tellement ténue et subtile que nous ne saurions nous en faire une idée juste, surtout en ce qui concerne les trois divisions supérieures nommées *Arupiques*, c'est-à-dire sans formes appréciables pour la vue astrale. Il n'y a, en effet, que des Etres développés sur le plan supérieur immédiat, le plan *Buddhique*, qui puissent voir et comprendre le mode d'existence des Entités, habitant le séjour fortuné le plus haut (Dévakan) où du reste passent (ne fussent que quelques jours) toutes les âmes humaines avant de se plonger dans une nouvelle incarnation physique.

L'Ego, l'homme réel, ne quitte point cette sphère où il vit plus ou moins conscient dans son corps causal, enregistreur et gardien du fruit de toutes les expériences qui lui sont transmises par le *Manas* inférieur ou corps mental, véhicule de l'intelligence. Ce corps mental fait en quelque sorte partie du *Manas supérieur*, puisque c'est lui qui l'émane à chacune de ses périodes incarnatives. C'est une force active, une image vivante de lui-même que l'*Ego* produit pour son usage exclusif. Par ce *Messager* créé par lui, tiré de sa propre substance, la communication devient possible à l'homme réel pour développer et diriger ses véhicules de conscience inférieurs fonctionnant sur les plans astral et physique, sur lesquels sa propre nature supérieure ne saurait descendre, n'ayant pas d'affinités avec leur substance grossière. L'*Ego* dans son corps causal reste donc sur les plans arupiques, s'occupant à surveiller **et** guider son *Messager* ou *Manas inférieur* dans son œuvre d'intermédiaire entre lui et les plans inférieurs.

On désigne souvent l'homme dans son corps causal sous le nom de *Penseur*, c'est lui qui parle d'une voix insonore à notre conscience éveillée sur le plan physique.

Ce royaume de l'homme (le Plan mental) confine à des régions plus sublimes encore, mais l'homme ne peut jamais y avoir accès sans passer par les portes de l'*Initiation* que plusieurs auteurs dénomment *les Portes d'Or*.

Le monde mental, bien que comprenant sept divisions, comme les autres plans de la Nature, est cependant classé par nos Instructeurs en deux régions distinctes : région rupique et région arupique.

C'est là aussi la demeure des Dieux, des Dévas, Entités supérieures à l'homme, suivant une évolution différente et plus avancée que celle de l'homme.

Le *Dévakan* est en même temps qu'un état d'âme un lieu déterminé, spécialement protégé, où rien de ce qui peut provoquer la moindre douleur est banni. Le mal n'a aucun moyen d'action en ce milieu paradisiaque où la Personnalité revêtue de son corps mental jouit de toute la félicité qu'elle avait pu ou *su* s'imaginer ; là elle satisfait toutes ses aspirations élevées ; puis enfin la personnalité s'évanouit avec le véhicule mental. Le *Manas inférieur* est attiré par son *Père*, le *Manas supérieur*, qui l'a créé ; il va se confondre avec lui, en lui apportant l'essence de ses expériences ; il ne fait plus qu'un avec son Père, qui de nouveau le manifestera en le rejetant hors de lui pour une nouvelle incarnation et ainsi de suite jusqu'à la fin du pèlerinage de la Monade Divine ou *Atma* qui est notre véritable Soi Supérieur et Immortel.

Chez l'homme peu évolué, le mental est fort mal organisé, d'apparence diffuse et incapable de fonctionner sur son plan : à peine peut-il servir de maladroit interprète au *Penseur* pour l'intelligence, à travers ses véhicules astral et physique. A la mort le Manas inférieur, lorsqu'il est privé de son corps astral, reste inerte et inconscient. — Le Plan mental est le plus considérable, le plus vivant et le plus actif de tous les plans auxquels l'homme puisse atteindre. — La substance qui le compose est douée d'une vitalité et d'une force, d'une puissance inimaginable ; de plus sa plasticité se prête à toutes les combinaisons possibles. — C'est dans ce milieu Protéen et terrible par ses possibilités insondables de réalisations, que la Pensée de l'homme va se revêtir, pour une durée plus ou moins longue (le plus souvent éphémère), d'une écorce subtile pour redescendre sur les plans astral et physique, ainsi que des êtres parfaitement constitués par leur Créateur, pour accomplir leur fatale mission en bien ou en mal.

Si nous réfléchissons sérieusement sur le pouvoir que nous avons de travailler consciemment ou inconsciemment sur ce plan mental, sur lequel de si formidables forces sont constamment en jeu, nous deviendrions d'une extrême prudence dans l'émission de nos pensées et de nos désirs ; nous travaillerions sérieusement à la purification de nos divers véhicules, cherchant de plus en plus à nous unir, à vivre en communion constante avec notre *Soi Supérieur*, afin de n'agir dans notre mentalité que d'accord avec la Bonne Loi !...

Il nous est dit par nos *Instructeurs* que les formes-pensées générées par nous restent en grand nombre vivifiées par nos désirs, auprès de nous. A la mort nous les retrouvons, souvent terriblement vampiriques et cruelles. Plusieurs demeurant sur le plan astral, guettant notre passage sur ce plan à chaque nouvelle descente de l'âme pour une nouvelle incarnation. Il y a alors une lutte douloureuse pour l'*Ego*, avec ces entités, ses propres créations, devenues ses parents, puisqu'elles sont plus âgées que lui, présentement. Alors, il est dit qu'il faut lutter jusqu'à extermination complète contre ces formes-pensées (notre œuvre) et si l'homme est assez faible pour se laisser attendrir ou séduire il deviendra leur esclave et, descendant de chute en chute, il finira par périr ; mais ceci est extrêmement rare. N'est-ce pas là cette bataille sans merci, que Krishua enseigne à son disciple Arjuna ?

Ainsi interprétés, sont parfaitement compréhensibles, les conseils du Divin Instructeur.

## LE FLUIDE ASTRAL. — SUBSTANCE ASTRALE

Nous avons parlé ci-dessus du Plan astral, nous ajouterons ici une note du D<sup>r</sup> Anna Kingford sur la substance et le fluide astral, note qui a pour nous une haute importance la voici :

« Les *Intelligences Astrales*, bien que n'étant pas d'intelligentes personnalités, servent fréquemment de *médiums*, au moyen desquels les idées intelligentes opèrent et servent de moyens de communication entre les personnalités intelligentes.

« De même que des corps solides flottent sur l'eau, bien que l'eau ne soit pas un agent intelligent dans son ensemble, et prise comme moyen de transport ; de même les idées, les mots, les sentences, tout un système de philosophie peut naître dans une conscience, au moyen des courants de la force magnétique.

« La petite cellule est une entité, car elle a en elle-même le pouvoir de se reproduire, de se propager, et la *substance astrale* ne l'a pas. C'est une empreinte, un écho, une ombre, un reflet.

« L'atmosphère dont un homme s'entoure, la *respiration* de son âme, affecte le fluide astral. Les réverbérations de ses propres idées reviennent sur lui. Le souffle de son âme colore, donne le *goût* à ce que son *sensorium* lui a transmis.

Il peut aussi se rencontrer avec des idées contradictoires, avec une représentation systématique de doctrine ou de conseils différents de ses vues personnelles. Alors si son esprit n'est pas suffisamment positif, il subit, au lieu de les diriger, les manifestations de l'agent électrique. Puis l'influence du milieu que traversent les mots agit encore, et, comme c'est souvent le cas, une batterie magnétique de pensée plus forte l'emporte sur les autres, et c'est elle qui agit sur le courant.

C'est ainsi que les nouvelles doctrines sont *dans l'air* et s'étendent avec la rapidité d'une dépêche télégraphique ou téléphonique. Un ou deux forts esprits prennent l'initiative et l'impulsion traverse ainsi la masse de lumière latente, influençant par correspondance, tout ce qui peut se trouver en relation avec elle.

Dans l'homme, au moment de la conception, le fluide astral se transforme en vie humaine ; le *fluide astral* devient l'enveloppe de l'âme et constitue le *corps sidéral*, qui à son tour devient le générateur du corps extérieur.

L'homme intérieur qui, en fin de compte, est

immortel, se compose d'âme et d'esprit. Le fantôme astral et le corps matériel doivent disparaître tout à fait, à moins qu'ils ne se transmutent pendant le séjour de l'âme et de l'esprit. Aussi le corps astral étant le générateur des sens, il en est également le tentateur.

### Les Véhicules de l'Homme

Voici, d'après le système Védantin, les cinq véhicules de l'homme.

On y verra que deux sont innommés, vu leur immense supériorité :

1......

2......

3. *Anandamâya Kosha*, corps buddhique.

4. *Vignyanamâya Kosha*, corps causal.

5. *Manomâya Kosha*, corps mental.

    —      —    corps astral.

6. *Pranamâya Kosha aithérique*, corps physique.

7. *Anamâya Kosha Dense* (1), corps physique.

Les Plans ou Régions comportent sept sous-plans, nous l'avons déjà dit, ce sont :

1. Ceux de nos lecteurs qui voudraient des explications des termes souskrits, les trouveront dans le Glossaire qui se trouvent à la fin du *Livre des Respirations*, un vol. in-12. Paris, H. Daragon et H. Chacornac, Editeur.

1. Aithérique — No 1... IVe aithérique.
2. Aithérique — No 2... IIIe —
3. Aithérique — No 3... IIe —
4. Aithérique — No 4... Ier —
5. Gazeux.
6. Liquide.
7. Solide.

Terminons ce qui précède sur les Plans du Cosmos, en donnant le tableau de ses sept plans.

1. Mara-Para-Nirvânâ.
2. Para-Nirvânâ.
3. Nirvânâ-Atma.
4. Buddhi.
5. Manas.
6. Astral.
7. Physique.

## PURIFICATION DE NOS VÉHICULES

Dans divers journaux et Revues (1) nous avons donné des travaux sur le Végétarisme, sur l'Alimentation Végétarienne, et après avoir montré les divers avantages de cette diététique, nous terminions en disant que la pratique du Végétarisme était non seulement utile pendant notre existence physique, mais qu'elle présentait même des

1. Notamment dans la *Curiosité*, dans la *Vie Nouvelle*, dans le *Voile d'Isis*, dans la *Revue générale des Sciences psychiques* et dans d'autres journaux et Revues.

avantages pour la vie de l'Au-delà, pour la **vie** astrale. — Nous avons reçu au sujet de cette dernière observation, diverses lettres, qui nous demandaient en quoi le Végétarisme pouvait être utile dans la vie astrale. Nous ne saurions mieux répondre à la question posée, qu'en présentant à nos lecteurs les lignes qui suivent :

L'utilité de la purification des véhicules ou Corps de l'homme est parfaitement démontrée dans les lignes suivantes que nous empruntons à *l'Homme et ses Corps,* d'Annie Besant (p. 54 et suivantes) :

« D'autre part, comme nous l'avons dit plus haut, le corps astral s'appuie inférieurement sur le corps physique et est affecté par la pureté ou l'impureté de ce dernier. Nous avons vu que les solides, les liquides, les gaz et les éthers, dont se compose le corps physique, peuvent être bruts ou raffinés, grossiers ou subtils. Leur nature affectera à son tour la nature des enveloppes astrales correspondantes. Si par notre ignorance, insouciants du physique, nous édifions notre corps grossier de particules solides impures, nous attirons à nous l'élément impur correspondant de ce que nous appellerons l'astral « solide » ; en nous alimentant, par contre, de particules solides plus pures, plus pur est aussi l'élément « solide » astral correspondant, que nous attirons.

« Si donc nous procédons à la purification de notre corps physique, par un régime excluant les aliments et les boissons capables de le souiller (sang animal, alcool et autres substances viles et dégradantes), non seulement nous perfectionnons le véhicule physique de notre conscience, mais nous commençons aussi à purifier notre véhicule astral ; car nous empruntons pour sa construction au monde astral, des matériaux plus subtils et plus délicats. Et les effets de cette opération loin d'être limités à notre vie terrestre actuelle, influent nettement aussi, comme nous le verrons plus tard, sur notre état prochain au lendemain de la mort, sur notre séjour dans le monde astral, et enfin sur le genre des corps que nous posséderons dans notre prochaine existence terrestre.

« Et ce n'est pas tout : les aliments les plus impurs attirent au corps astral des entités malfaisantes appartenant au monde astral, car nous n'avons pas seulement affaire à la substance astrale, mais aussi à ce qu'on appelle les Elémentals de cette région. Ce sont des Entités de nature très diverse, existant sur ce plan et généralement engendrées par les pensées des hommes. On trouve, en outre, dans le monde astral, des individus dépravés, emprisonnés dans leur corps astral et connus sous le nom d'Elémentaires. Les Elémentals sont attirés par affinité naturelle, auprès des gens, dont le corps astral contient des matériaux de même nature, tandis que les Elémentaires s'attachent à ceux qui s'adonnent aux vices qu'eux-mêmes ont cultivés pendant leur vie terrestre... Or, il est évident que les possibilités du corps dépendent largement de la nature des matériaux que nous employons à le construire. A mesure que, par le procédé de purification, nous rendons ce corps plus subtil, il cesse de vibrer aux impulsions inférieures et commence à répondre aux influences plus élevées du monde astral. Nous nous fabriquons ainsi un instrument qui, tout en restant sensible, de par sa nature même aux influences qui lui viennent du dehors, perd graduellement l'habitude de répondre aux vibrations inférieures, et acquiert le pouvoir de répondre aux vibrations supérieures... »

Ainsi donc, d'après les lignes qui précèdent, non seulement la purification de nos véhicules, nous est utile pour la vie astrale, mais même d'après Annie Besant elle l'est encore pour le corps que nous aurons dans l'incarnation qui suivra cette vie astrale ; certes, nous n'aurions jamais osé aller jusque-là, et il faut que ce soit une Instructrice de la valeur d'Annie Besant, pour que nous y ajoutions créance, et, du reste, il doit en être ainsi, car l'évolution se poursuit toujours et sans cesse.

## SUR L'AITHER ET LE DOUBLE AITHÉRIQUE

L'aither, que nous orthographions comme au xv<sup>e</sup> et au xvi<sup>e</sup> siècle pour le distinguer de l'éther, liquide volatil et narcotique, est un fluide qui enveloppe notre atmosphère ; la racine de ce mot est grecque (αἰθυρ), et justifie donc notre orthographie.

Les dictionnaires de l'usage le définissent : air plus pur, celui qui est dans les régions supérieures de l'atmosphère, ou bien encore :

« Fluide hypothétique, admis pour expliquer les phénomènes de la lumière et de la chaleur. »

L'aither, nous l'affirmons, n'est pas un fluide hypothétique, mais bien réel, qui existe même sous quatre états différents.

Le quatrième état, le plus subtil, dénommé par les Théosophes *quatrième aithérique*, est constitué par l'ultime atome physique ; c'est celui dont la décomposition donnera le jour, où on obtiendra celle-ci, de la *Substance astrale*, du premier plan situé au-dessus du plan physique, et par atome il ne faut pas entendre ici l'atome chimique qui est un corps assez complexe, mais bien un atome à tel point divisé que l'ultime atome du plan physique, (électron) donnera par sa décomposition la substance astrale toute seule.

L'aither est aussi visible et palpable qu'une chaise, qu'une table ou un objet quelconque, de nature physique, qui tombe sous nos sens ; mais cette constatation ne peut être faite par le premier venu, par la seule vue physique, seule active sur le plan physique ; elle ne peut être faite cette constatation, que par la vue psychique ou vue interne.

Le corps aithérique ou *Double-Humain* est très curieux à étudier, car pénétrant toutes les molécules du corps grossier, matériel, il enveloppe de sa substance vaporeuse et opalescente chacune de ses molécules, en sorte qu'il n'y a jamais contact entre deux particules de matière physique. — Ceci pourrait peut-être permettre d'expliquer la dissociation instantanée des objets physiques et leur reconstitution immédiate, ce qu'on considère comme la quatrième dimension de l'espace, ainsi dénommée par Zoëllner (1).

Cette dissociation et reconstitution instantanée des solides permet d'expliquer les *Phénomènes d'apports* et de passage à travers les corps, d'objets jugés arbitrairement comme *solides*, compacts.

Nous n'insisterons pas actuellement sur cette question, qui demanderait de longs développements, que le lecteur trouvera, du reste, dans la *Psychologie devant la Science et les Savants* (voir la note ci-dessous), et nous dirons immédiatement que le corps aithérique, le double du corps physique, qui enveloppe l'homme comme d'une sorte d'*Aura* (œuf aurique, mais pas celui des hystériques, ne pas confondre !), a sa couleur propre,

---

1. Voir La Psychologie *devant la science et les savants* (3ᵉ édition), ce qu'il est dit de la quatrième dimension dans le chapitre qui traite des sept dimensions de l'espace ou de la matière. — Cf. Aussi Dictionnaire d'orientalisme, d'occultisme et de psychologie, *passim*.

qui varie toutefois d'une personnalité à une autre, légèrement d'après les uns et assez sensiblement d'après les autres (1). La contexture du double aithérique dépend du corps dont il est le *Duplicata* ; de là, la nécessité d'épurer le corps physique pour obtenir un double aithérique le plus lumineux, partant le plus subtil possible.

Le corps astral que l'on confond trop souvent avec le double aithérique, au moins dans ses éléments les plus assimilables, pénètre le corps aithérique se servant de celui-ci pour atteindre, pour accéder aux organes principaux du corps grossier (corps Sthulique).

Le corps aithérique est aussi dénommé *Véhicule de Prana* (Vitalité, Energie vitale) le souffle actif de l'être, de la vie, énergie active du Soi.

Le rôle du double aithérique est de servir d'intermédiaire à la manifestation de cette énergie.

Tout ce que nous venons de dire peut paraître complexe et l'est quelque peu en effet, pour l'étudiant théosophe, qui lit ceci pour la première fois, mais avec un peu de patience et en persévérant dans l'étude, l'étudiant arrivera assez promptement à se rendre compte de cet admirable outillage, qu'à travers l'involution et l'évolution s'est créé l'*Ego Divin* de l'homme.

La nette compréhension de ce *processus*, quand

1. Voir l'homme invisible dans l'homme visible une brochure in-12, Paris, H. Chacornac, 11, quai Saint-Michel, et Librairie H. Daragon, 96-98, rue Blanche, Paris.

elle se fera dans l'esprit de l'étudiant lui permettra d'avancer rapidement et de ne pas gaspiller ses énergies au hasard.

C'est sur le double aithérique particulièrement sensible aux substances volatiles, que l'alcool apporte les plus grands ravages ; ainsi il **peut** détruire l'harmonie des correspondances **entre le** penseur et le corps physique, c'est-à-dire **amener** chez l'homme, la folie.

Pendant le sommeil, l'*Ego* se glisse hors **du** corps physique, laissant celui-ci en quelque sorte en garde au double aithérique.

A la mort l'*Ego* abandonne définitivement ses deux véhicules inférieurs, ces deux jumeaux physiques.

L'*Ego* adhombre le corps physique et son double, mais c'est en réalité, le corps astral **et le** corps mental inférieur qui abandonnent la dépouille physique à la mort, de même que dans le sommeil ordinaire ou provoqué, dans les divers états de l'hypnose (1).

La vie physique est le champ de travail de l'*Ego* ou bien sa prison, qu'il ne quittera qu'à la mort.

Les lumineuses études de la Théosophie révèlent à l'homme sa véritable place dans l'Univers et lui donnent la clef de sa prison, afin qu'il la quitte à volonté sans dangers ; elles élargissent de la sorte le vaste champ de son activité men-

1. Cf. *La Psychologie devant la science et les savants*, chap. IV et suiv., 1 vol. in-12 de 400 pages, Paris, II. Daragon, éditeur.

tale, la seule qui soit digne de lui, lorsqu'il est parvenu à connaître les diverses possibilités de son Être.

C'est bien à tort qu'un grand nombre de théosophes et même d'écrivains ont attribué au double aithérique les fonctions du corps kamique ou corps du désir et l'ont confondu avec le corps astral. Le corps astral est un véhicule véritable, tandis que le double aithérique est la doublure du corps physique et se compose seulement d'aithers physiques. De plus, si le double aithérique est extériorisé, il ne peut s'éloigner notablement du corps physique et *a fortiori* quitter le *plan sthulique*.

Le corps *kamique* ou *corps de désir* n'est exclusivement composé que de substance astrale.

Quand le corps astral est séparé du corps physique, il se rend sur le plan astral qu'il parcourt en tous sens librement, et là, il est le véhicule approprié de l'Ego, et quand celui-ci vient se réincarner, il l'apporte avec lui.

### Le Penseur et le Corps causal

D'après la Théosophie, le Penseur est le Soi-Divin limité ou individualisé par une forme subite, dont la substance est empruntée aux trois subdivisions du *Plan arupique* (sans formes).

Lorsque la *Monade* humaine émerge du sein

du Logos, il semble qu'un mince filament de lumière isolée par une sorte de gaîne ou fourreau de substance Buddique, se détache du lumineux Océan d'Atma. A ce fil est suspendu une sorte d'étincelle, qui s'entoure d'une enveloppe ovoïde appartenant à la région arupique du Plan mental. Cette étincelle est suspendue à une sorte de flamme par le fil le plus ténu de Fohat (1), comme le dit M. A. Besant dans la *Sagesse Antique* (page 231, 1ᵉʳ volume).

A mesure que l'évolution de l'Etre progresse, cette étincelle ou Œuf lumineux devient plus grand, plus opalescent et le fil ténu se transforme en un chenal ou canal de largeur de plus en plus considérable, à travers lequel se déverse de plus en plus abondante la vie atmique. Ce voile de forme ovoïde, revêtement lumineux qui sépare le Rayon (ou étincelle) de la source (du *Soi Divin* ou *Logos*) le transforme en individualité ; mais cette séparation n'est elle que pour l'extérieur, car le *Penseur*, dans son corps causal, reste uni à l'âme de l'Univers et demeure plus ou moins conscient, endormi même au début de son cycle de vie dans le plan arupique, sa véritable patrie natale.

On a donné le nom de *Corps Causal* à la pre-

1. Livre de Dzyân, Stance VII, 5. — Cf. également LA DOCTRINE ESOTÉRIQUE *à travers les âges;* 2 vol. in-12, *passim.* Paris, 1901, H. Chacornac, 11, quai Saint-Michel et H. Daragon, Editeur, Paris.

mière enveloppe du Penseur, qui limite son *Soi Divin*, parce que celui-ci est le corps qui doit persister durant le long cycle de vie du Penseur, et que c'est dans ce subtil véhicule que s'enregistrent, durant la longue série de ses incarnations, les fruits, les résultats de ses expériences, résultats qui agissent comme cause façonnant les existences futures.

L'homme éternel, le *Soi Divin* individualisé, est l'acteur véritable dans chacun des corps qu'il porte ; sa mémoire s'étend à travers toute la série de ses existences passées, et c'est ainsi qu'il œuvre, récoltant sa moisson de vie en vie et l'emmagasinant dans son corps causal, qui est, pour ainsi dire, l'entrepôt de sa moisson.

Au début de la vie humaine, le Penseur, nous venons de le dire, est comme endormi dans sa brillante enveloppe ; puis il semble petit à petit, à mesure que se produit l'éveil, que ses énergies latentes agissent de plus en plus sur les plans inférieurs, y recueillant de l'expérience.

La souffrance est sa première éducatrice.

Plus tard, le Penseur développe ses énergies potentielles, son corps astral devient plus lumineux, plus rayonnant, il augmente en splendeur ; sa beauté est inimaginable et suprême.

La nature même du Penseur est *Renaissance,* et elle reconnaît la vérité à première vue par sa conformité avec elle-même.

Le Penseur ne peut s'assimiler que les seules

expériences capables d'être reproduites par les vibrations de son corps causal, et ces expériences doivent appartenir à la région mentale et être d'un caractère hautement intellectuel ou moral.

Si nous ne fournissons pas au corps causal des pensées pures, élevées et pleines d'amour, ce corps ne se développera pas et enlèvera alors à notre *Soi Divin* la possibilité de progresser. C'est donc à la purification et au grandissement de ce corps permanent que nous devons attacher le plus grand prix, il doit devenir le but unique de notre volonté ; or, pour cela, il nous faut premièrement cultiver la charité, la dévotion et l'amour pour nos frères. Les abstractions, les travaux intellectuels ne sont pas à la portée de toutes les intelligences, mais l'altruisme, l'amour du prochain est à la portée de tous ou, du moins, est compréhensible et facilement saisissable pour tous.

C'est par cette voie, par ce sentier que nous pouvons plus facilement parvenir à augmenter les énergies, dont le corps causal est l'organe. Et plus ce corps sera bien organisé et lumineux, et plus le Penseur pourra communiquer sa force, sa puissance à ses autres véhicules, ainsi qu'à l'ambiance mentale et morale.

D'abord, pour nous habituer à faire vibrer notre corps causal, nous ne devons avoir que des pensées de bonté, de tolérance et de compassion pour tout ce qui a vie, autour de nous, non seulement pour nos semblables, mais pour les animaux mêmes.

Fermons donc les yeux sur les défauts, sur les fautes même, de ceux qui sont en contact avec nous. Evitons soigneusement de révéler à d'autres le mal ou les paroles imprudentes qu'un de nous a pu proférer dans un moment d'erreur ou de dépit ; enfin cherchons par tous nos efforts à grouper les âmes par un lien d'amour, au lieu de les diviser, même par d'indiscrets bavardages, par des commentaires souvent malveillants, fruit de nos fausses conceptions.

Ce n'est pas en vain que notre Divin Maître Jésus-Christ, a toujours recommandé avant et par dessus tout, de s'aimer les uns les autres et d'éviter les jugements téméraires :

« Evitons de juger, si nous ne voulons pas être jugés. »

Lorsque le Penseur a terminé un cycle de vie et que chacun de ses véhicules s'est désagrégé sur leur plan respectif, le seul corps causal persiste ; c'est dans lui et avec lui que le Soi Divin demeure sur le *Plan Arupique,* un temps plus ou moins long, méditant longuement sur ses expériences et les transformant graduellement en facultés mentales et morales, ainsi qu'en pouvoirs désormais acquis, avec lesquels l'homme renaîtra.

... Notre devenir est en nos mains ; cela vaut, certes la peine que nous y appliquions toutes nos facultés, toute notre volonté ; nulle chose n'a plus de prix pour notre Moi réel, pour notre *Ego Divin !...*

Il se peut que notre corps causal si précieux, si essentiel, s'atrophie ou même soit complètement perdu ; mais heureusement, le cas est fort rare, car le mal spirituel, ainsi que le bien spirituel, ne se trouvent que chez des êtres grandement évolués.

Pour nuire directement au Corps causal, il faut une perversité hautement intellectuelle et affinée (subtile) : le *Péché spirituel,* que mentionnent les diverses *Ecritures sacrées* du monde.

La persistance dans l'iniquité réagit d'une manière indirecte sur le Corps Causal et retarde parfois sa croissance durant de nombreuses existences.

Nos prières et nos efforts pour faire connaître et répandre la BONNE LOI, aux âmes en péril, peut en sauver un grand nombre, avant que l'atrophie de leur Corps Causal soit trop avancée pour permettre au Penseur qui l'habite de tenter un suprême effort pour ressaisir son pouvoir sur lui.

Nous pourrions pousser beaucoup plus loin l'étude de ce paragraphe, nous le ferons peut-être ultérieurement dans un autre opuscule, mais ce que nous venons de dire suffira amplement à l'étudiant pour connaître le Penseur et le Corps Causal et lui permettre de faire des méditations profitables à son avancement.

Arrivé à ce point de notre étude Théosophique, il y a lieu d'examiner l'homme au point de vue de l'immortalité ; ici, il nous faut distinguer l'homme élémentaire, personnel, individuel et spirituel.

On nomme homme *élémentaire*, le simple agrégat de *Karma, Prana, Linga Sharira* et *Sthala Sharira ;* c'est là l'homme primitif, l'homme des temps les plus reculés, qui, alors en voie d'évolution, ne possédait que les quatre principes que nous venons de nommer ; quant aux principes supérieurs, ils n'étaient pas encore évolués chez cet homme élémentaire. Dans ces conditions, cette individualité n'était peut-être pas immortelle, car sa composition n'était pas homogène ; en effet, quand la quantité de forces attachée à ces divers principes était épuisée, ces principes se dissociaient et l'homme mourait totalement.

Nous n'ignorons pas qu'un grand nombre de Théosophes prétendent que l'homme n'a jamais existé sans l'Ego (le corps causal) ; c'est celui-ci qui différencie l'homme, de l'animal ; celui-ci a le mental supérieur latent et quand il se détache d'un groupe (âme monadique), le mental supérieur est mis en activité, si peu que ce soit.

L'homme personnel, au contraire, est immortel, quand le *Rayon Manasique*, qui l'éclaire, demeure uni et attaché au foyer, dont il émane, car ce rayon emporte le résultat de ses expériences terrestres sur le Plan, d'où il est sorti.

Quant à l'homme individuel, celui qui constitue

l'*Individualité*, il n'est rien autre que la *Monade Divine*, qui, bien que différenciée, n'en est pas moins permanente ; aussi cette monade est-elle immortelle.

Enfin, l'homme spirituel est cette même monade individualisée, après que l'émission planétaire accomplie est venue éveiller son aspect manasique ; c'est ce qu'on nomme l'*Ego supérieur*.

De ce que l'homme est immortel, il s'ensuit qu'il se réincarne, afin de poursuivre son Evolution, ou du moins l'Evolution de son âme, qui est le principe immortel.

On admettra donc aisément qu'une seule existence, parfois fort courte, ne soit pas suffisante pour permettre à l'homme d'évoluer ; c'est pourquoi il doit renaître, aussi souvent que la présence de l'Ego supérieur préserve la dissociation de ses principes et que l'Ego inférieur éprouve le besoin ou la nécessité de s'épurer encore.

Cette nécessité de la Réincarnation, des Renaissances est, pour ainsi dire, réglée par la *Loi de Karma*, qu'on dénomme également la *Loi de l'Action*.

### La Loi de Karma

Qu'est-ce que la *Loi de Karma ?*

D'après H. P. B « Karma est la *Loi déterminatrice de l'Univers*, la source, l'origine et la fontaine, d'où découlent toutes les autres lois qui existent dans la Nature entière, Karma est la loi infaillible, qui adapte l'effet à la cause, sur les plans physique, mental ou spirituel de l'*Etre*... Karma est cette loi invisible et inconnue, cette justice immanente *qui adapte avec sagesse, intelligence et équité*, chaque effet à chaque cause, et qui par cette dernière arrive jusqu'à celui qui l'a produite. Karma est *Inconnaissable*, mais son action est perceptible.

La loi de Karma est une loi universelle, qui dès lors, s'applique, à tout ce qui existe et cela, sans aucune exception.

Cette universalité de la loi de Karma fait qu'elle n'est pas seulement individuelle, mais qu'elle s'applique également aux collectivités de toutes sortes ; familles, sociétés, nations, races qui engendrent ainsi des Karmas collectifs, car la réunion des âmes en groupes forment des familles, des castes, des nations, des races ; ce rassemblement des âmes « introduit un nouvel élément de confusion dans les résultats karmiques, et c'est là, que l'on trouve une place que l'on nomme les *Accidents*, et pour les compensations que font sans cesse les *Seigneurs de Karma*. Il paraît que, bien qu'il ne puisse arriver à un homme que ce qui se trouve *dans son Karma* individuel, il peut toutefois subir et profiter d'une catastrophe nationale ou sismique, par exemple, pour être mis à même d'épuiser un certain stock de mauvais Karma qui, régulièrement, n'aurait pas échu à son existence actuelle. Il semblerait que la mort subite ne peut frapper un homme, que s'il doit pareille mort à la Loi ; sinon quel que soit le tourbillon de malheurs dans lequel il puisse être entraîné, il sera *sauvé miraculeusement* au milieu de la mort et de la ruine qui ont balayé ses voisins et sortira sans mal de la tempête et de l'explosion foudroyante. Mais s'il doit une vie, et si le Karma national ou familial l'a attiré dans le rayon d'action d'une semblable catastrophe, nulle intervention semble-t-il, ne saurait le préserver, même si cette mort n'a pas été tramée dans le tissu du *Linga Sharira* de sa vie présente. On prendra soin de lui après, afin qu'il ne souffre pas injustement de sa brusque sortie de la vie terrestre ; mais il aura payé sa dette au contact de cette éventualité mise à sa portée par l'action diffuse de la Loi, par le Karma collectif, qui l'enveloppe (1). »

D'après les lignes qui précèdent, on voit que le Karma ne crée pas la *Fatalité inéluctable des Mahométans*, et que la Loi de Karma comporte des tempéraments ; il n'y a que le *Karma mûr* qui se rapproche de la fatalité, en ce sens qu'on ne saurait échapper au sort réservé.

Il y a, du reste, divers genres ou degrés de Karma : ainsi, on nomme :

Le Karma de début (*Prâbdha*), le Karma que

---

1. *Annie Besant, in Lotus bleu,* 1896.

l'individu doit épuiser pendant la nouvelle période de vie qui commence ;

Le Karma en *formation*, celui que l'homme fait en déroulant son existence dans le *curriculum vitæ* ;

Le Karma *conditionnel* ou celui qu'on peut échanger contre un sacrifice analogue, mais d'une autre nature, d'un autre ordre.

Il y a aussi le Karma *relatif ;* le Karma *distributif*. « Les Théosophes sont persuadés, nous dit H. P. B. (1), que la solidarité de l'humanité est la cause de ce qu'on appelle le Karma *distributif* et c'est dans cette Loi qu'il faut chercher la solution de la grande question de la souffrance collective et du moyen d'y porter remède.

Nous ne saurions mieux résumer, pour terminer ce qui concerne Karma, que de donner les lignes suivantes de E.-D. Walker, tirées de son ouvrage sur la Réincarnation :

« En résumé, d'après la doctrine de Karma, c'est par nos actions passées que nous nous sommes *faits nous-mêmes ce que nous sommes,* et c'est par nos actions de l'heure présente que nous *préparons notre éternité future.* Il n'existe pas d'autre salut, ni d'autres condamnations que ceux que nous nous sommes attirés nous-mêmes.

« Mais cette doctrine n'offrant point de protection aux actions coupables et exigeant une

1. *La Clef de la Théosophie,* p. 284.

fermeté virile, ne possède pas, pour les natures faibles, le même attrait que les notions religieuses et faciles à accomplir du sacrifice expiatoire, de l'intercession, du pardon et de conservation *in extremis*, au lit de mort...

« Dans le champ de l'éternelle justice, l'offense et le châtiment sont inséparables et ne forment qu'un seul et même événement, parce qu'il n'y a pas de distinction réelle entre l'action et la conséquence qui en résulte.

« Karma, c'est-à-dire nos actes passées, nous ramène à la vie terrestre. La demeure de l'esprit varie d'après son Karma ; et ce Karma, qui change incessamment, interdit par conséquent, un long séjour dans une même condition. Aussi longtemps que l'action est guidée par des mobiles égoïstes et matériels, il faut que l'effet de cette action se manifeste par des reconnaissances physiques. Il n'y a que l'homme complètement affranchi de tout égoïsme qui puisse échapper à la gravitation de la vie physique ; et bien que peu de personnes en soient arrivées là, c'est pourtant le seul but vers lequel doive se diriger l'humanité. »

Nous résumant, nous dirons que non seulement Karma est la *Loi de l'Univers*, l'expression de la loi divine, comme le dit le Dr Pascal, mais c'est aussi l'enregistrement des pensées, des actes et des désirs de l'homme, c'est, en un mot, la somme des mérites et des démérites de l'Individualité.

Des corps physique, aithérique et astral n'étant
que des véhicules transitoires, des instruments
destinés à être brisés, après avoir fourni aux
expériences d'une incarnation, qui donc est l'en-
dosseur du Karma généré, quel qu'il soit ?

Ce sera le Manas inférieur pour l'expérience
du Manas supérieur : l'Ego réincarnateur,
l'homme réel individualisé dans son corps causal. Donc, en définitive, c'est le seul Ego individuel qui travaille, qui agit sur les trois plans
physique, astral et mental (formes Rupiques), et
par l'intermédiaire de ces véhicules, puisqu'il travaille consciemment ou inconsciemment sur ces
divers plans pendant la durée incarnative, à plus
forte raison doit-il générer du Karma sur les
plans astral et mental inférieurs, alors qu'il a
pour y fonctionner normalement un corps approprié au milieu ; ce ne serait alors que dans le
Dévakan (lieu spécialisé) que l'Ego ne générant
plus de Karma assimilerait et transmuterait l'essence de ses expériences (une sorte de digestion
mentale), et se créerait des facultés pour une
nouvelle incarnation.

Le Dévakan pourrait être considéré alors seulement, comme un lieu et un état approprié exclusivement à la gestation d'une nouvelle personnalité préparant une nouvelle incarnation sur le
plan physique.

Il se peut que Karma agisse consécutivement
sur les plan physique, astral et mental ; s'il en

était ainsi, le désincarné, privé de son véhicule grossier, ne génèrerait plus rien sur le plan physique ; ce serait déjà là une amélioration. C'est pour cette raison qu'on ne doit pas attirer sur le plan physique les Désincarnés, car, par cela même, ils peuvent, en agissant de nouveau sur ce plan, générer du Karma, aussi bien que durant leur vie physique, ce qui peut leur causer un grand dommage.

Malgré l'intérêt que comporte l'étude de Karma, nous nous arrêterons ici, nous ne saurions pousser plus loin notre étude, nous la trouvons suffisante pour satisfaire l'étudiant-Théosophe et nous passerons immédiatement au processus de l'homme *post mortem*.

### Sur la Monade

Le Baron L. de Guldenstubbé (1) nous dit : « Comme l'embryon dans la matrice, ainsi a reposé au commencement, l'esprit de l'homme au sein de la Divinité. »

1. Pensées d'Outre-tombe, publiées par le baron L. de Guldenstubbé, auteur de la *Réalité des Esprits* et du *Phénomène merveilleux de leur écriture directe*, et par sa sœur J. de Guldenstubbé. — Paris, librairie Franck, 1858. — Nous avons connu beaucoup le Baron, nous l'avions vu fréquemment chez M^me Deslandes, une spirite de la première heure, qui a consacré vingt-cinq ans de sa vie à la propagande spirite. — Nous signalons cet oubli à l'auteur des *Pionniers du Spiritisme*, du reste combien est incomplet cet ouvrage !...

Ceci peut parfaitement s'appliquer à la Monade.
En effet qu'est-elle ?

La Monade humaine est une émanation de la
divinité même et constitue notre *Ego supérieur*.
Elle renferme en elle les principes les plus élevés
de notre organisme : sensation, sentiments, intui-
tion, intelligence, mentalité, etc., etc...

Voilà une définition stricte, synthétique, mais
l'explication complète de ce terme « Monade
humaine » n'exigerait pas moins du concours de
toute la science Occulte. Nous nous bornerons à
dire que la Monade humaine n'est pas identique
au septième principe, l'*Atma* ou le *Logos*. La
Monade est l'énergie qui agit par le sixième principe ; c'est l'énergie émanée du Logos çomme
entité active.

Ceci paraît de prime abord, en contradiction
avec ce que nous avons dit précédemment, à savoir, que la Monade humaine « est émanation de
la Divinité même » et constitue notre *Ego supé-
reur*... Parler ainsi c'est traiter son sujet au seul
point de vue semi-ésotérique, nous l'étudierons
à un point de vue plus ésotérique ; aussi prions-
nous l'étudiant de porter toute son attention sur le sujet et sur le *sens* des mots, qui
n'est pas approximatif, mais très limité dans sa
valeur.

La Monade humaine n'est pas une émanation directe du grand Dieu, de l'*Elément unique*, de *Parabrahm*. En effet, si cette Monade était émanée

de Dieu et qu'elle eût touché le monde physique directement, c'est-à-dire le fini, le limité, Dieu aurait cessé d'être, puisqu'il se serait en partie borné, par cette émanation ; aussi celle-ci n'est arrivée au monde physique que par l'intermédiaire d'un Logos ou Dieu secondaire, comme nous l'avons dit un peu plus haut : « C'est l'énergie émanée du Logos, comme entité active. »

Ceci sera mieux compris à l'aide d'une comparaison que nous empruntons à Subba Rao :

« Prenons le soleil ; suivant la théorie occulte, ce qui en émane est uniformément répandu dans l'espace sans limites ; le soleil est comme un foyer dans lequel cette matière est condensée, concentrée, et duquel elle sort sous forme de lumière et de chaleur.

« L'élément unique est Parabrahm, et chaque fois que le centre d'activité appelé le Logos en émerge comme force active, cette force est l'élément unique dans sa condition active, la vie unique, c'est exactement la puissance que Hartmann, le théosophe allemand, a nommé l'énergie inconsciente, qu'on peut appeler la volonté de la Nature, qui produit la conscience et tous les faits physiques dans l'Univers manifesté. Nous ne pouvons pas dire que cela commence à exister à une époque particulière ; cela existe constamment à l'état latent dans la Vie Unique ; mais à son apparition comme énergie active, cela devient le

premier germe de la conscience dans l'Univers.
C'est Atma.

« Et Atma, nous le savons, est une énergie dont
l'action se poursuit à travers les degrés des différents règnes de la Nature ; en arrivant au plan
de la volition humaine, cette énergie, cette force
est différenciée et acquiert une sorte d'individualité, que l'on appelle Monade. Or si cette Monade
n'était pas liée au Logos, l'immortalité lui devien-
drait impossible, mais comme son émanation a
eu lieu, ainsi que nous l'avons déjà dit, *à travers le Logos*, il y a des chances pour qu'elle
repasse par le Logos et obtienne ainsi l'immortalité.

« On peut considérer la Monade comme un col-
lier de perles, chaque incarnation est une des
perles enfilées et les incidents des incarnations
constituent la personnalité des individualités, qui
ont donné lieu à ces incidents.

« De même, on peut considérer le Logos, comme
la source d'une quantité innombrable de Monades qui ne meurent jamais, mais reprennent toujours une existence active. »

Examinons maintenant comment la Monade acquiert l'immortalité ou peut la perdre et comment
aussi, elle a plongé dans l'involution, origine de ce
qu'on a dénommé le *Péché originel*.

Tous les êtres humains, qui rapportent au Logos
les incidents constituants de leur existence, peuvent être considérés comme ayant atteint l'immor-

talité ; mais cette immortalité dans certains cas peut ne pas être atteinte, c'est quand la Monade devient *magnétiquement opposée au Logos*, duquel elle est sortie ; alors celui-ci ne peut l'absorber. Cela arrive dans le cas d'un homme foncièrement mauvais, *qui a péché contre le Saint-Esprit*. Cette Monade alors lancée dans le tourbillon vital continue à vivre jusqu'à l'arrivée du Pralaya et alors, elle est immergée dans le Chaos (Océan de matière Cosmique) et cela sans transmettre ses impressions à aucun Logos.

Arrivons à l'origine du *Péché originel !*

Nous la trouvons admirablement exposée dans un dialogue supposé entre Jamblique et le philosophe Julien (1).

S'adressant à l'Empereur Romain, Jamblique lui dit : « — Oui... Nous avons tous oublié la voix de Dieu. Comme les enfants séparés dès le berceau de leur père, nous l'entendons et ne le reconnaissons pas. Il faut pour entendre *Sa* voix que tout écho terrestre se taise dans nos âmes. Tant que le raisonnement brille et éclaire notre âme, nous restons dans nous, et nous ne voyons pas Dieu. Mais quand notre raison décline, l'extase descend en nous, comme la rosée de la nuit. Les méchants ne peuvent connaître l'extase ; les sages seuls se transforment en lyre vibrante sous la main de Dieu. D'où vient le rayon qui éclaire l'âme ?

1. *La Mort des Dieux*, par Dmitry de Mérejkowsky, p. 70 et suivantes.

Je l'ignore. Il vient, inopinément, quand on ne l'attend pas... »

Ici un assez long discours, après lequel Julien, plein de tristesse, laissa échapper de sa poitrine un soupir involontaire en disant :

— Mon père pardonnez-moi, mais s'il en est ainsi, pourquoi vivre ? Pourquoi cet éternel échange de la vie et de la mort ? Pourquoi la souffrance ? Pourquoi le mal ? Pourquoi le corps ? Pourquoi le doute ? Pourquoi la tristesse de l'impossible ?

Jamblique le contempla alors avec douceur et lui répondit :

— Voilà où réside le mystère, mon fils. Il n'y a pas de mal ; il n'y a pas de corps ; il n'y a pas d'Univers, s'il existe. Ou Lui ou l'Univers. — Le corps, le mal, l'univers sont un mirage, une tromperie de la vie. Tous, nous avons reposé ensemble jadis dans le sein de Dieu, dans l'univers invisible. Mais une fois, nous avons regardé d'en haut la matière sombre et morte et chacun a vu en elle sa propre image comme en un miroir. Et l'âme se dit : « Je peux, je veux être libre et semblable à Lui ! Pourquoi n'oserai-je pas Le quitter et renfermer tout en moi-même ? »

L'âme, comme Narcisse se contemplant dans le ruisseau, se charmait par sa propre image réflétée dans son corps. Et alors elle tomba, voulut tomber jusqu'à la fin, se séparer de Dieu pour toujours, et ne le put. « Les pieds du mortel touchent la terre, son front dépasse les cieux. »

Voilà l'involution de la Monade...

Voici l'Echelle de Jacob et puis l'Evolution...

« Sur l'échelle éternelle des naissances et de la mort, les âmes des êtres montent et descendent, tantôt vers Lui, tantôt de Lui, cherchent à quitter le Père et n'y parviennent pas. Chaque âme veut être Dieu en vain ; elle pleure le sein du Père, n'a pas le repos sur la Terre et n'aspire qu'à retourner vers l'Unique. Nous devons revenir vers Lui et alors tous seront Dieu et Dieu sera dans tous. Crois-tu que tu es seul à le regretter ? Ne sens-tu pas que tout le regrette ?... »

Voilà, bien exposée, l'émanation de la Monade humaine.

Il y aurait ici bien des points à élucider sur la monade ; ainsi bien des personnes ont demandé pourquoi l'inégalité qui existe entre les hommes, si toutes les monades ont été créées égales par le Créateur, ou bien par quelles sortes d'injustices les monades peuvent plus ou moins progresser, Cette question qui est trop ésotérique, demanderait ici trop d'espace pour être exposée d'une façon claire à nos lecteurs ; aussi nous nous bornerons de répondre ceci : que dans la Nature il existe la grande *loi de la Dualité* qui différencie tout ; de là variation dans le progrès de l'Evolution; nous ajouterons ensuite que des grains de blé semblables ne donnent pas tous le même résultat, la même récolte, suivant qu'ils tombent sur des terrains différents de qualité, et que même le grain qui tombe sur la pierre, peut ne rien produire du tout, puisqu'il ne germe pas !...

Passons à l'étude de l'activité de cette Monade dans le Dévakan.

Les théosophes discutent depuis longtemps et discuteront probablement longtemps encore quelle peut bien être la durée de l'activité de la Monade sur le *Plan dévakanique !*

Nous ne comprenons pas le motif d'une telle discussion. Les uns disent qu'elle y exerce son activité pendant fort longtemps ; d'autres pendant fort peu de temps.

Nous répondrons à ceci, qu'une pareille discussion est une véritable chinoiserie, car une minute ou un siècle, qui constitue à nos yeux une grande différence, n'en constitue pas une au point de vue Dévakanique ; donc c'est une discussion oiseuse, qui ne comporte aucun intérêt, et n'est d'aucune utilité.

Quand un Yogi par exemple est en état de *Samadhi* (sommeil), des années peuvent s'écouler, *passer sur lui,* sans lui paraître plus longues, que des mois et même des jours.

Quand nous dormons, qu'est-ce pour nous que le temps écoulé ? Rien ! Un jour, un mois, un an même pour le léthargique ne comptent pas plus l'un que l'autre.

L'énergie exercée sur le plan astral produit des effets, qui durent plus longtemps, beaucoup plus longtemps que des effets produits par une énergie de quantité égale sur le plan physique, par la raison bien simple qu'il y a moins de résistance et de frottement sur le plan astral ; il y en a encore beaucoup moins sur le plan Dévakanique.

Donnons un exemple : sur le plan physique, le son produit par un coup frappé sur une cloche de bronze, si bien fondue que soit cette cloche, ce son ne durera pas plus de cinq, six ou sept minutes suivant la composition du métal et la dimension de l'objet ; mais quand ce son est bien éteint, bien *mort* pour l'oreille de l'homme ordinaire, un Yogi ou un Chèla avancé peuvent l'entendre encore une heure ou plus sur le plan astral.

Ceci nous permet donc de conclure que la durée des effets d'une même énergie est également différente sur deux plans différents.

Nous pensons qu'il n'est pas possible de fixer la période de temps que doit passer une Individualité dans le *Dévakan* ; cela dépend d'une foule de conditions : de la nature et du développement de la Monade spirituelle de l'individu ; des impulsions qu'il a jetées dans le monde des effets et surtout (et cela plus ou moins) de la nature de ses aspirations.

Quand la spiritualité a été une des grandes préoccupations de la Monade, son existence Dévakanique peut être fort longue.

Enfin, disons en terminant cette courte étude que l'existence Dévakanique ne commence pas immédiatement après la mort.

Pour les bons, elle commence presque immédiatement, c'est-à-dire 24 heures après la première mort (la mort physique) et le juste, l'homme charitable, altruiste, celui qui a eu un grand amour de son prochain, celui-là peut passer quelque temps, quelques jours en Kama-Loka, mais, comme il est dans une sorte de coma, de trouble, qui suit la mort, il ne s'aperçoit pas, très souvent, qu'il a passé par le Kama-Loka, car il n'y a passé que quelques mois, quelques jours, pour purger un reste de karma, non encore épuisé sur la terre.

### Processus de l'Homme, post mortem

Que devient l'homme après la mort de son corps physique ?

C'est ce que nous allons voir dans le présent paragraphe.

La mort ne survient, que quand le double aithérique a quitté le corps physique ; l'homme laisse alors sa coque physique ; puis une seconde mort survient après un laps de temps plus ou moins long, cette seconde mort est celle du corps astral ; ajoutons que cette seconde mort est plutôt une sorte de dépouillement normal des couches inférieures et non un brusque et douloureux passage comme la mort physique.

Enfin, l'homme dépouille sa troisième coque ou coque mentale et passe alors dans le *Dévakan* supérieur pour vivre dans son véritable corps, dans son corps causal, le seul qui persiste à travers la série de ses existences et qui constitue l'Individualité de l'*Ego supérieur* ou âme humaine, qui est immortelle.

Ce sont ces trois corps qui constituent la *Triade* humaine inférieure.

Privé de son corps physique, l'homme cherche à prendre conscience de sa situation ; sa conscience s'éveille peu à peu sur le plan le plus proche de la terre, c'est-à-dire sur le plan astral ou psychique ; c'est là, qu'après avoir dissipé les troubles et la torpeur qui accompagnent généralement la mort, il continue psychiquement son existence.

Voilà le processus de la généralité des âmes ; quant à celles qui sont plus élevées, c'est-à-dire plus évoluées, après un temps plus ou moins long passé sur le plan astral, elles s'élèvent dans la région mentale ou *Plan Devakanique*, mais elles n'habitent pas pendant des siècles dans les sous-plans inférieurs de cette région,

Sur ce plan mental ou Dévakanique, l'*Ego* ne

perçoit plus que les bonnes pensées qu'il a eu sur le plan physique. C'est en entrant en Dévakan que l'*Ego* a laissé en *Kamaloka* son corps Kamique, de même qu'antérieurement, il avait laissé sur la terre son corps physique.

## INCINÉRATION

Si une question a jamais été controversée, c'est celle de l'Incinération ; nous ne pouvons donc l'aborder dans cette courte étude, aussi nous n'en parlerons-nous ici, qu'au seul point de vue théosophique.

Nous dirons tout d'abord que même les plus grands Théosophes ne paraissent guère fixés sur la question au point de vue théosophique, ce qu'ils disent et ce qu'ils pensent en effet à ce sujet, paraît fort incertain et une opinion fixe et arrêtée ne paraît pas exister, sur ce sujet si controversé, nous nous plaisons à le répéter.

Si l'on demande à un Théosophe : Doit-on incinérer les morts ? il répondra, comme tous les hommes sensés : au point de vue de l'hygiène et de la salubrité publique, l'incinération est sans contredit le mode de sépulture préférable à tous les autres, car l'oxydation du cadavre (combustion) s'opère en quarante à quarante-cinq minutes au plus, au lieu que par l'inhumation ou l'enfouissement il faut parfois plusieurs années pour réduire le cadavre en cendres.

Un Théosophe éminent nous a dit que l'incinération présentait encore un autre avantage considérable : c'est qu'un corps mis dans un four incinératoire, si par hasard il est encore vivant, ce corps meurt au bout de quelques secondes et l'on ne risque plus d'enfermer dans un tombeau un vivant, ensuite le feu chasse loin du corps le double-aithérique, tandis que dans les inhumations ordinaires le double-aithérique peut planer au-dessus du cadavre de longs jours (huit à dix) car ce n'est qu'une décomposition avancée qui fait fuir loin du corps le double-aithérique, ainsi d'après certains théosophes, l'incinération présenterait au point de vue de l'inhumation des vivants, un grand avantage.

Reste à étudier la souffrance que le mort peut éprouver, ressentir, par suite de la présence du double aithérique autour du cadavre ; nous l'étudierons plus loin.

Chez les Aryas, pendant la période Védique, l'incinération était pratiquée à l'exclusion de tous les autres modes de sépulture, car ils savaient fort bien que le mort n'était pas là où se trouvaient ses cendres, d'où suppression de fantômes et de vampires, ce qui a une grande importance.

Suivant les Aryas, le mort habitait les régions supérieures dans lesquelles s'élevait la fumée du bûcher !...

En ce qui nous concerne, voici notre opinion : nous avons toujours été partisan de l'incinération,

et partisan convaincu. Nous avons écouté le pour
et le contre, et aucun des arguments de nos adver-
saires n'ont pu nous faire abandonner notre idée
au sujet de la crémation.

Mais nous avons rencontré un ami avec qui
nous discutions la question, qui nous a dit : « Vous
faites complètement fausse route dans cette question de l'incinération : LA HAUTE MAGIE la pros-
crit absolument, tout comme l'Église catholique.

Enfin, un de nos collaborateurs, docteur de la
Faculté de médecine, est venu s'inscrire en faux
contre nos idées, en traitant de l'incinération au
point de vue psychique.

Nous avouons que les arguments que nous a
présenté notre collaborateur nous ont frappé et
suivant notre habitude, laissant se produire toutes les opinions sincères, nous ne pouvions pas
accueillir ses idées dans notre Revue ; nous donnons plus loin son article, car ce que nous dési-
rons avant tout, c'est la lumière ; mais nous mentionnerons ici, deux personnes, deux théosophes,
qui après leur mort ont demandé à ne pas être
incinérées.

La première, la fondatrice de la Société Théosophique.

Cette grande Théosophe, qui certes n'était pas
une personnalité ordinaire, H. P. Blavatsky qui,
sa vie durant, s'était toujours montrée partisane,
grande partisane même de l'incinération, a, une
fois morte, adressé à la Duchesse de Pomar une

communication médianimique pour demander à ne pas être incinérée ; mais malgré la hâte à satisfaire ce désir, la dépêche adressée par la Duchesse arriva trop tard à sa destination, le feu avait accompli déjà son œuvre.

La deuxième personne MAB, qui avait demandé dans son testament d'être incinérée, une fois morte, a désiré ne pas l'être, ce qui a été exécuté.

D'après ce qui précède, il semblerait donc que même, les partisans convaincus de la crémation, une fois morts ont changé d'avis ; il est vrai que les deux personnes que nous venons de mentionner étaient théosophes, or nous savons que la Théosophie est contraire à l'invocation des morts, ce qui paraît en contradiction avec la non-incinération, puisque la crémation empêcherait jusqu'à un certain point les Invocations, comme le prouve l'étude de notre collaborateur le docteur Gaspard, que voici (1) :

« Nous ne pouvons garder le silence plus longtemps sur un sujet qui préoccupe bon nombre d'hommes des mieux intentionnés et des plus érudits, mais qui ne traitent qu'un côté de la question, c'est-à-dire le côté sanitaire et hygiénique.

« Quoique ces considérants soient de toute première importance, nous ne pourrons jamais

1. REVUE GÉNÉRALE DES SCIENCES PSYCHIQUES, fondée et dirigée par ERNEST BOSC, 1<sup>re</sup> année, page 202.

admettre que l'incinération soit un avancement
et qu'elle puisse être regardée comme le résultat
final d une existence physique.

« Nous n'avons pas à la traiter comme préser-
vatif et dans l'intérêt de la santé publique.

« Si la mort terrestre devait être l'anéantisse-
ment de l'individualité et qu'après le décès tout
soit terminé pour la vie de l'être, alors nous
serions partisans de la crémation; mais ce n'est
pas le cas, nous ne voulons pas tomber dans l'erreur la plus complète et de donner raison aux
théories matérialistes, qui ne sont pas de notre
conception.

« C'est sous un jour tout différent que nous
allons nous occuper de cette question si ardue
et la traiter au point de vue psychique étant
donné que l'être ne fait que changer de forme, que
la mort n'est qu'un état de transition qui ouvre
la porte à la continuation de la vie spirituelle de
l'esprit. Nous admettons donc la survie, c'est-à-
dire la continuation de l'existence de l'esprit
après la mort, et c'est en raison de cette convic-
tion que nous combattons les fours crématoires,
qui sont le résultat de la plus complète erreur
que l'on ait pu faire à ce sujet.

« Erreur d'autant plus néfaste que nombre de
spiritualistes ont cru jusqu'à ce jour que le passage de la vie terrestre à la vie de l'Au-delà pouvait se faire sans transition et sans affecter le sujet
désincarné.

« Le passage d'une vie à une autre ne se fait pas aussi facilement que l'on pourrait croire.

« Il arrive pour les uns un trouble qui persiste parfois assez longtemps, comme pour d'autres la continuation d'une série d'impressions plus ou moins pénibles, qui sont souvent un état de souffrance et de maux, qui viennent aggraver l'état spirituel du désir carné.

« Etant donné que notre corps physique a eu pour compagnon de voyage terrestre un corps semblable, d'une autre essence, que l'on dénomme *Corps astral*, et que saint Augustin appelait *corps spirituel*, il s'ensuit que la corrélation de l'un avec l'autre a eu beaucoup trop d'intimité pour que le passage brusque d'un état à un autre puisse rompre soudainement les lieux qui les unissaient. L'esprit ou l'âme qui forme la personnalité spirituelle est toujours réunie par le corps astral.

« Pour démontrer ces faits, il suffit de considérer que la désagrégation du corps physique ne se produit pas brusquement, mais lentement et sans secousse. Il en est de même du corps astral, qui ne peut rompre ses liens d'avec le corps physique qu'avec lenteur, à mesure que l'esprit évolue et qu'il ait pu prendre contact avec la vie, qui lui est assignée par son degré évolutif et pouvoir gravir les échelons qui correspondent avec sa nature spirituelle.

« Rompre brusquement ces liens par une incinération, c'est donner au désincarné une souffrance en rapport avec son degré d'avancement ; car il faut également considérer que son Karma n'est pas terminé avec la vie terrestre, la mort ne le faisant pas cesser ; elle n'est qu'une étape de continuation.

« Pour les êtres sans affinité spirituelle, la crémation est pour eux une souffrance, dont l'extrême intensité peut leur faire croire qu'ils se trouvent dans l'état que l'on dénomme l'Enfer et que nous a si bien décrit Dante, dont l'inspiration est de toute évidence !

« Le désincarné évolué garde également des liens avec son corps terrestre, qu'il conserve pendant un certain temps et qui le rattachent à la matière, c'est-à-dire à la terre.

« Nous allons prendre des exemples dans deux cas différents.

« Il nous a été permis de nous mettre en rapport avec une personne dont le degré d'évolution pendant sa vie terrestre était de beaucoup au-dessus de la majorité de ses semblables. C'était une nature d'élite, très spiritualisée, dont l'extériorisation remarquable et la Voyance lui ont acquis une certaine notoriété à l'époque où nous sommes. Désincarnée depuis un certain temps ; (son cher époux survivant) partisan de la crémation quoique d'idées très spiritualistes, avait l'intention de la faire exhumer et incinérer, n'ayant pu le faire au moment du décès, pour des raisons que je n'ai pas à énoncer ici. Son esprit ayant pu prendre contact avec nous, et nous démontrer tout le danger qu'il y aurait à ce que semblable détermination fût prise à son égard pour la bonne raison que par l'incinération, on romprait les liens, qui la retenaient à son corps physique, ce qui ne lui permettrait plus de pouvoir être en rapport direct avec la terre et son cher époux et de collaborer comme par le passé à l'œuvre commencée par son compagnon d'existence. »

Nous voyons par cet exemple que l'esprit de cette désincarnée, quoique d'essence supérieure, serait troublé et que la crémation viendrait bouleverser une âme, qui sait que sa mission, malgré sa désincarnation, serait interrompue, parce qu'il lui serait impossible de communiquer avec la terre, dont la densité psychique trop lourde serait une entrave à sa manifestation, car les liens l'unissant au corps étant le seul point de contact pouvant la laisser à l'œuvre de son mari et à son affection.

Nous citerons un autre exemple de phénomène psychique, qui nous a beaucoup frappé, il y a trois ans, environ !

Nous étions un jour en discussion sur le thème qui fait l'objet de cet article, lorsqu'une amie, qui a toujours été une fervente adepte de l'incinération, cette *grillade malsaine* eût soudain dans un état d'extériorisation, une vision dont le spectacle avait lieu de la bouleverser.

« J'assiste, nous dit-elle, à la crémation de

M. X... très connu de nous tous. Il m'est donné de le voir et de ressentir ses souffrances ; il éprouve les affres d'une seconde mort autrement terrible que la première. »

Elle nous décrivit alors toutes les sensations de ce pauvre désincarné. Nous nous attendions à ce qu'elle nous dépeignit des tortures physiques avec des sensations de brûlures ; ce n'était pas cela, c'était une torture morale, qui plongeait cette âme dans un néant complet. Tout fut brisé en lui ; il ne restait de son entité que la pensée troublée ayant rompu toute affection terrestre, et la vision de son existence terrestre, qui venait de s'écouler était complètement détruite de son cerveau spirituel, car il lui manquait les images, qui sont imprégnées dans les cases cérébrales de son corps astral, qui est le réflexe de son cerveau physique.

Le cliché astral de sa dernière existence a été détruit avant que les liens, qui sont en harmonie avec le corps physique, aient eu le temps de se rompre d'eux-mêmes et de se désagréger selon les lois assignées par le temps et le dégagement progressif.

Il ne restait donc à cette entité, d'après notre conception et d'après l'explication de la vision sus-énoncée, qu'une seule ressource, celle de puiser dans l'aura spirituelle formée par les clichés de nos pensées-images, la reproduction, qui est faite dans le plan astral, l'enregistreur de toute notre vie, de tous nos actes et de toutes nos pensées, et d'avoir recours à l'aide et à la protection d'amis désincarnés, qui peuvent se communiquer aux médiums assez sensitifs pouvant lui faciliter l'évolution et le sortir de cet état de néant, qui est une souffrance pour toute âme, qui porte en elle la conscience évolutive avec l'instinct du chemin à parcourir pour arriver au but auquel nous devons tous aspirer...

Par les lignes qui précèdent, on voit fort bien démontré que l'incinération au point de vue psychique est une grosse erreur, ce que confirme du reste la haute Magie.

D'un autre côté, si les Théosophes, suivant en ceci la philosophie hindoue, sont partisans de l'incinération, ils sont conséquents avec leur philosophie qui réprouve les communications d'outre-tombe ; l'Invocation des morts...

### LES MAHATMAS (1)

La question des *Mahatmas* (les grandes âmes) a eu le privilège de faire verser des torrents d'encre. — Le public en général (le profane, dirons-nous) ne croit guère à l'existence des Mahatmas. — Ces grandes âmes constituent une Fraternité d'hommes justes et parfaits qui exis-

1. Dans notre conclusion, nous donnons quelques détails, survenus pendant le tirage de notre ouvrage.

tent depuis des temps extrêmement reculés, dans l'Inde, dans le Thibet et dans d'autres contrées encore ; anciennement, il y en avait en Egypte.

Le centre de leur habitat serait situé aujourd'hui sur un des hauts plateaux de l'Himalaya, comme nous allons voir. C'est à ces hommes d'élite, qu'au début des races humaines, alors que l'humanité était dans l'enfance, de hauts esprits, anciens habitants de continents disparus, confièrent la garde de la Doctrine ésotérique ou *Révélation Primitive*.

Les Théosophes prétendent même que les Mahatmas sont détenteurs de cette Révélation, qui serait, sinon totalement, tout au moins en partie, consignée dans des livres anciens, conservés dans les bibliothèques cachées dans des cryptes des hauts plateaux des monts Himalaya.

Ces livres ne seraient accessibles, ne seraient communiqués qu'aux seuls Initiés *de haut grade*, dignes partant de connaître cette *Révélation*.

Ces connaissances supérieures sont tenues jalousement cachées aux profanes, qui pourraient en faire un mauvais usage. Tandis que les *Initiés* n'utilisent ces connaissances que pour faire le bien et aider à l'avancement de l'humanité qui à certaines époques a droit, ou plutôt est en état, de recevoir une partie plus ou moins étendue de vérité. C'est alors que la Fraternité confie sa divulgation à l'un de ses membres, avec l'autorisation de la répandre dans notre monde.

Toutes les grandes Religions possèdent des *révélations partielles* de la *Doctrine Esotérique* (1) ; mais la théosophie, nouvellement instaurée, a, paraît-il, pour mission spéciale de projeter sur notre humanité, une nouvelle *Dispensation* des *vérités ésotériques*, dispensation qui sera ultérieurement complétée par un nouvel Instructeur, un nouveau *Christ* qui fera son apparition parmi les hommes dans le courant du xxe siècle.

Ajoutons cependant qu'il ne faut pas s'attendre, même pour cette époque, à une Révélation complète, car l'homme actuel n'est pas encore arrivé à un degré suffisant de savoir, de connaissance et surtout de pureté, de bonté et d'altruisme, qui permette de lui accorder une Révélation Intégrale.

Par ce qui précède, on voit que les Mahatmas travaillent au perfectionnement de notre race, mais ils sont obligés de le faire en se pliant aux lois de la nature, c'est-à-dire qu'ils doivent procéder sans secousse.

Malgré ce que nous venons de dire, bien des personnes ne croient pas à l'existence des Mahatmas et disent :

« En avez-vous vu de ces fameux Mahatmas ?»

Et nous sommes forcés de répondre non ! mais nous ajoutons : bien des points que l'histoire affirme ne nous sont pas connus personnelle-

---

1. Voir à ce sujet *La Doctrine Esotérique à travers les Ages, passim;* 2 vol. in-12. Paris, H. Chacornac et H. Daragon, éditeur.

ment, nous ne les avons pas vus, et cependant,
nous y croyons sur la foi d'historiens contemporains et non sur des faits.

Il devrait en être de même, quand des personnes, comme H.-P.-B. ou le colonel Olcott, nous
affirment que les Mahatmas existent, qu'ils en
ont vu en chair et en os, et par extériorisation
de leur corps astral. A ce sujet nous allons bientôt donner une lettre d'un de nos amis, qui a vu
dans son jardin le double aithérique ou plutôt le
corps astral d'un Mahatmas, et à qui nous avons
demandé aussi de prier le même personnage de
nous apparaître.

Comme on va voir par l'extrait de la lettre
que nous donnons ci-dessous après avoir résumé
ce qui les concerne, en empruntant à notre
regretté ami Louis Dramard les lignes suivantes (1) : « Les Mahatmas sont complètement maîtres de sciences dont nous ignorons même l'existence ou que nous connaissons à peine, comme
le magnétisme, la phrénologie, la physiognomonie, etc. ; et l'on comprend qu'une pareille puissance, exercée par des natures physiquement
et intellectuellement supérieures à l'homme, soit
capable de produire des résultats qui dépassent
tout ce que nous pouvons imaginer. Dans les
sciences physiques, les adeptes sont au savant

_______________

1. Louis Dramard. *La Science Occulte*, 1 br. in-8°, 2ᵉ édition (épuisée), Paris.

européen ce que ce dernier est au sauvage, qui ne connaît des corps que leurs propriétés apparentes.

« Le chimiste solidifie, liquéfie, vaporise les corps ; les décompose même et va jusqu'à recomposer certaines combinaisons minérales ; l'adepte qui connaît des états de la matière imperceptibles pour nous, qui a découvert les véritables éléments des corps, peut soumettre tout composé, même organique vivant, à son analyse et à sa synthèse, et opérer ainsi des miracles apparents, comme le passage d'un corps solide à travers un mur. Mais la plus extraordinaire faculté des *Mahatmas* est de pouvoir à volonté, projeter, en dehors de leur corps la partie fluidique de leur être (le corps astral), et d'agir matériellement à distance, au moyen de ce double aithéré, qui se meut avec la rapidité du fluide électrique. Leurs immenses connaissances et leur intelligence supérieure ont permis aux Adeptes de pousser le calcul des probabilités jusqu'à une quasi-certitude ; d'autre part, le seul aspect d'un homme leur dévoile sa constitution, son tempérament, ses instincts, ses actes, et, au simple jeu de la physionomie, ils connaîtraient les plus secrètes pensées de l'interlocuteur, si leur développemeut physique ne leur permettait déjà de saisir directement la pensée, sans l'intermédiaire des organes physiques. »

On voit donc par ce qui précède, que les Mahatmas seraient des hommes vraiment merveilleux et bien au-dessus, comme facultés, de l'homme ordinaire.

La lettre suivante de notre ami ne fait que confirmer ceci, et pourra prouver aussi aux incrédules l'existence de ces Entités.

« Dès que je serai un peu libre, je me ferai un plaisir de vous adresser quelques extraits des manuscrits, dont je vous ai parlé. Vos lecteurs auront ainsi la primeur d'un livre, qui renverse sur bien des points les *idées reçues*.

« Je ne publierai le texte entier que plus tard, quand j'en aurai reçu l'ordre de l'Église invisible.

« M^{me} B..., que vous voyez en ce moment à Nice, pourra vous dire que, pour rien au monde, je ne voudrais faire quoi que ce soit en dehors des instructions qui me sont données. De moi-même, je ne suis rien : un simple écho du monde invisible et c'est tout.

« Aussi n'ai-je aucun mérite en tout ce que je puis dire ou faire.

« Je me demande même souvent, comment il se fait que l'Eglise invisible m'ait choisi plutôt qu'un autre ecclésiastique. Ils sont si nombreux ceux qu'elle inspire parmi les laïques !...

« Peut-être est-ce parce que les éloges ou le blâme de mes contemporains me trouvent également insensible. Je ne me connais que cette qualité, si c'en est une ; mais à cet égard, je puis me rendre ce témoignage, que je suis *perinde ac cadaver*. Je ne fais pas plus attention à ce que l'on peut dire de moi en bien ou en mal que si j'étais depuis un demi-siècle dans le tombeau.

« Aussi, j'éprouve une véritable répugnance à communiquer les faits étranges, dont j'ai été le témoin. M^me B... pourra vous dire ce qu'elle a vu dans ma petite chapelle à deux jours différents pendant la messe (1).

« Oh ! la messe. Oh! la consécration, combien peu de prêtres savent exactement ce que c'est.

« Vous qui étudiez l'occultisme, priez-la de vous lire la communication qu'elle a reçue ici, à propos des Elémentals et des forces noires, dont peuvent disposer, comme Moïse aux dix plaies d'Egypte, *ceux qui savent seulement.*

« Il serait trop long de vous raconter, même très en abrégé, ce qui concerne mes rapports avec l'Eglise invisible.

Voici seulement deux faits survenus en 1907 :

« Le 25 mars à 3 h.30 en plein soleil j'étais avec un ouvrier occupé à nettoyer les arbres verts de mon ermitage. Au cours du travail, j'avais laissé une bêche dans une allée latérale, près d'un massif de sapins. Je vais précipitamment la chercher, car nous en avions besoin à un autre endroit. Quelle n'est pas ma surprise de me trouver en face d'un inconnu vêtu d'une robe rose donnant au soleil un reflet verdâtre tirant sur le bleu

---

1. Il est bon de vous dire que le saint prêtre en question est en dehors de l'Eglise catholique, apostolique et romaine, ce qui ne l'empêche pas de dire sa messe.

comme certaines soieries (1) ! Je m'arrête pour ainsi dire nez à nez avec l'inconnu. Ses traits avaient une telle finesse, sa figure était si imposante, si belle que je ne cessai de l'admirer. Quand je vivrais mille ans, je n'oublierai jamais cet air de distinction que je n'ai rencontré nulle part parmi les vivants, ni dans les plus beaux portraits. Figure idéale, au delà de tout ce qu'on peut imaginer.

« L'inconnu avait sur le front un cercle plus mat. Je pensai sur-le-champ à la couronne d'épines, Mais quand il se tourna de profil pour disparaître, je vis que c'était comme un bandeau qui passant entre les cheveux d'un beau blond doré, se reliait en arrière.

« Qu'était-ce ? Mon étonnement était excessif, mon admiration si profonde que je n'ai pas eu la force, ni la pensée de l'interroger. — J'ai appris un peu plus tard quel était ce personnage mystérieux et les recherches que j'ai faites m'ont confirmé sur son identité. — La célèbre Catherine Emmerich le dépeint, tel que je l'ai vu.

« Le second fait date d'un mois seulement ; c'est un Mahatma ; il s'est présenté d'une façon assez singulière. — Nous étions réunis au nombre de cinq à six personnes ; nous parlions religion. Tout à coup, une petite table s'incline par trois fois, avec lenteur devant moi. Nous mettons nos

---

1. Il existe en effet des soieries changeantes de cette teinte dénommée *gorge de pigeon!*

mains : l'Invisible donne son nom, un nom hérissé de consonnes. — Il dit être vivant et l'un des Mahatmas du Thibet. Il ajoute ensuite, en dehors des assistants, qu'il est un des trois (?) qui se sont montrés à M^{me} B... (1) et *qu'il reviendra me voir quand le moment sera venu.* Je vis alors une forme blanche s'évanouir d'elle-même. Il m'a recommandé entre autres choses de ne pas citer son nom, qui par parenthèse se prononce tout autrement qu'il ne s'écrit.

La visite avait pour but de me faire savoir que l'Orient et l'Occident s'unissaient pour établir, au-dessus des cultes matériels, le règne de la justice et de la vérité.

« Souvent j'ai pensé à lui depuis sa venue et il m'arrive fréquemment alors de recevoir sur la figure, comme une volée de petites étincelles.

« Je ne manquerai pas quand il me fera la faveur de revenir de vous recommander à sa haute protection.

« Ah ! les étincelles me touchent à la figure.

« Fraternellement votre

« *Abbé* J. A. P. »


Nous avions demandé dans une lettre au saint prêtre en question de vouloir bien demander au Mahatmas de nous faire la faveur de venir en

---

1. Cette dame est voyante, nous la voyons souvent à Nice... où elle est comme nous de passage pendant trois mois à quatre mois d'hiver.

corps astral (*extériorisé*) auprès de nous, et par une sorte de sensation, d'impulsion interne, nous avons pensé que notre désir serait exaucé : mais pas de sitôt malheureusement. — Enfin nous aurons la patience d'attendre.

L'abbé J. A. P. n'est pas la seule personnalité ayant vu des Mahatmas, des Adeptes ; le colonel Olcott et H. P. B. ont eu de fréquents rapports avec eux, c'est même avec leurs aides et leurs concours, qu'ils ont fondé la Société Théosophique ; et qu'ils ont été choisis dans ce but par les maîtres comme nous venons de le dire.

Voici fort bien exposés les faits que nous venons de relater ci-dessus (1) :

« Pendant les sept premières années de la Société (théosophique) ses véritables fondateurs, les Maîtres en ont souvent parlé. L'un d'eux déclare qu'avant la fondation de la Société théosophiques, ils choisirent H. S. Olcott pour diriger le mouvement alors en préparation, et lui associèrent H. P. B., qu'ils envoyèrent en Amérique à sa rencontre, l'un et l'autre ayant accepté la tâche à remplir. Il appelle la Société « notre vaisseau théosophique » et parle de lui-même comme « ayant autorité à bord ». Il exprime la crainte que les Maîtres ne doivent, pour un temps, disparaître, sauf pour une minorité fidèle — les

1. Bulletin théosophique, n° 69, nov. 1907, pages 428, 429.

événements ont prouvé que cette crainte était fondée — mais que plus tard un nouvel effort serait tenté pour aider la société. »

De même, nous voyons le second des Maîtres qui suivent de plus près la société ne pas mettre en question que ses intentions devaient la guider.

Il dit dans une lettre citée par *The Path*, vol. VII, p. 334 : « La société théosophique a été choisie pour servir de pierre angulaire et de fondement à la future religion de l'Humanité... On s'attend que nous humbles disciples des Lamas parfaits, nous permettions à la S.T. de rejeter son titre le plus noble, celui de Fraternité Humaine pour devenir une simple Ecole de Philosophie.

Il appelle H. P. B. et le colonel Olcott « nos représentants actuels ». « Nous avons dit-il, encore, à nous occuper de questions autrement importantes, que la surveillance de petites sociétés. Cependant la S. T. ne doit pas être négligée ».

H. P. B. mentionne souvent cette manière d'envisager la Société ; ce fut toujours pour elle un principe. Dans *The Path* de décembre 1888, elle parle de « la Société formée conformément à leur désir et placée sous leurs ordres ».

Dans le *Théosophist* (vol. III, page 243), elle écrit : « Notre société a été fondée, d'après les indications directes d'Adeptes hindous et thibétains et en venant dans ce pays (l'Inde) nous n'avons fait que nous conformer à leurs désirs. »

Elle dit à la comtesse Wachmeister qu'en 1851, son maître lui avait fait connaître qu'il l'avait choisie pour diriger une Société.

Elle écrit elle-même en mars 1873, qu'elle est envoyée de Russie à Paris, et en juin de la même année en Amérique.

En octobre 1874, elle reçoit l'ordre d'aller à Chittenden et y trouve le colonel ; elle corrobore ainsi, et au delà, ce que le maître avait écrit de sa propre main.

« En 1886, elle informe le D$^r$ Hartmann, par lettre de ces mêmes faits.

« Dans une lettre, datée du 6 décembre 1887, elle parle de la Société, créée par les Maîtres nos Mahatmas. Elle dit encore dans cette même lettre : Le Maître m'envoya aux Etats-Unis, afin de voir ce qu'il y aurait à faire pour mettre fin à la nécromancie et à la Magic noire inconsciemment pratiquée par les spirites... »

A ces nombreuses preuves de l'existence des Maîtres, des Mahatmas, nous pourrions en ajouter beaucoup d'autres, mais nous ne le croyons pas utile, car tout homme de bonne foi doit pouvoir admettre et affirmer leur existence, après avoir lu et médité les lignes qui précèdent, laissons donc les négateurs à leur négation, ceux qui nient la lumière du soleil, n'empêchent pas l'astre lumineux du jour de briller d'un vif éclat !...

Pour résumer ce qui concerne les Mahatmas

nous emprunterons au regretté Louis Dramard les lignes suivantes (1) : « Les Mahatmas sont complètement maîtres de sciences dont nous ignorons même l'existence ou que nous connaissons à peine, comme le magnétisme, la phrénologie, la physiognomonie, etc. ; et l'on comprend qu'une pareille puissance, exercée par des natures physiquement et intellectuellement supérieures à l'homme, soit capable de produire des résultats qui dépassent tout ce que nous pouvons imaginer.

Dans les sciences Physiques, les Adeptes sont au savant Européen ce que ce dernier est au sauvage, qui ne connaît des corps que leurs propriétés apparentes.

Le chimiste solidifie, liquéfie, vaporise les corps, les décompose même et va jusqu'à recomposer certaines combinaisons minérales ; l'Adepte qui connaît des états de la matière imperceptibles pour nous, qui a découvert les véritables éléments des corps, peut soumettre tout composé même organique vivant, à son analyse et à sa synthèse, et opérer ainsi des miracles apparents, comme le passage d'un corps solide à travers un mur. Mais la plus extraordinaire faculté des *Mahatmas* est de pouvoir à volonté projeter en dehors de leur corps la partie fluidique de leur être (le corps astral), et d'agir matériellement à

1. C'est à dessein que nous reproduisons encore ici, ce passage !...

distance, au moyen de ce double aithéré, qui se meut avec la rapidité du fluide électrique. Leurs immenses connaissances et leur intelligence supérieure ont permis aux Adeptes de pousser le calcul des probabilités jusqu'à une quasi-certitude ; d'autre part, le seul aspect d'un homme leur dévoile sa constitution, son tempérament, ses instincts, ses actes, et, au simple jeu de la physionomie, ils connaîtraient les plus secrètes pensées de l'interlocuteur, si leur développement physique ne leur permettait déjà de saisir directement la pensée, sans l'intermédiaire des organes physiques ».

On voit donc par ce qui précède que les Mahatmas seraient des hommes vraiment merveilleux et bien au-dessus, comme facultés, de l'homme ordinaire.

## L'Adepte et l'Adeptat

Ce sujet est très difficile à traiter, car nous sommes en plein Occultisme, en pleine haute magie, mais enfin, nous nous efforcerons de ne dire que ce qu'il est permis de dire à ce sujet, cependant les lecteurs avancés trouveront beaucoup à récolter dans ce paragraphe.

On pourrait définir l'*Adeptat*, le triomphe de l'âme humaine sur les forces de la Nature, ou plutôt de la matière.

De rares humains incarnés sont tellement organisés, qu'ils ne puissent obtenir de développer le sixième et le septième état, c'est-à-dire atteindre à la puissance et au bonheur de l'immortalité, alors qu'ils sont encore physiquement sur le plan de l'existence humaine, sur le *plan physique*.

Deux sortes d'individus peuvent véritablement décrire, ce que c'est que l'*Adeptat* : le Maître (*Guru*) lui-même, et le néophyte qu'il a accepté comme *Lanou*, Chéla ou (Disciple), c'est-à-dire, son futur successeur qui a passé le troisième degré de l'*Initiation*, et qui par cela même, est en rapport magnétique parfait avec le Maître, auquel il doit succéder, quand celui-ci aura atteint une sphère encore supérieure de vie et de facultés spirituelles.

A ceux, qui véritables chercheurs de la Philosophie Esotérique, désirent ardemment connaître la *Vérité*, nous allons expliquer, ce qu'est l'*Adeptat*, tel qu'il nous a été transmis par une haute personnalité, qui a traversé les états d'existences spirituelles, nécessaires à l'obtention de ce haut degré de connaissances.

Pour présenter d'une façon naissante et facilement intelligible ce qu'est l'*Adeptat*, nous considérons tout d'abord, les divers degrés de celui-ci, puis la nature et les fonctions de l'*Adeptat*, enfin, nous donnerons, mais d'une façon voilée, les divers moyens d'y parvenir, afin qu'ils ne puissent être compris, que par ceux qui seront dignes de le comprendre.

Cet état élevé comporte trois grades distincts, lesquels à leur tour se subdivisent en trois états ou degrés séparés de puissance, soit en tout neufs États de sagesse.

Ces principaux grades désignés, sont les dénominations d'*état naturel, état spirituel* et *état céleste* des évolutions progressives de l'âme.

Le premier de ces états (le plus externe) se rapporte au monde des phénomènes physiques et s'occupe exclusivement des sphères élémentaires de la planète et des courants astro-magnétiques qui la gouvernent (1).

Les pouvoirs de l'Adepte de ce degré s'étendent des zones élémentaires de la matière dans le monde des effets jusqu'aux sphères astro-magnétiques dans le monde des causes. — Au delà de ce monde astral, les facultés de l'Adepte sont sans pouvoir ; de sorte que leurs œuvres les plus élevées sont situées dans le monde des phénomènes extérieurs.

Le second grade, qui n'est que l'état intérieur spirituel du premier grade, a trait aux forces spirituelles et aithérées de la planète. —Les Adeptes de ce second grade sont ceux dont l'âme a parcouru les différents degrés du premier grade,

---

1. Nous aurons occasion de parler longuement à ce sujet dans un prochain volume. L'ALIMENTATION UNIVERSELLE ou la *Loi des vibrations.*

Comme tels, ils peuvent remplir les devoirs de maîtres à l'égard de ceux qui parcourent les degrés extérieurs de la vie spirituelle.

Les pouvoirs de ceux-ci s'étendent des zones magnétiques du monde astral jusqu'aux sphères aithérées et spirituelles de l'humanité désincarnée.

Ces Adeptes spirituels ne peuvent pas descendre sur la terre, au moins directement, ni manifester de même physiquement leur pouvoir, il leur faut utiliser un intermédiaire : un *médium* convenablement entraîné, dont ils puissent pénétrer ou plutôt interpénétrer *l'aura* fluidique. Aussi leur principal mode de communication avec le monde physique et l'Adepte du degré extérieur, à l'aide duquel, ils transmettent les vérités spirituelles, dont le monde a un besoin urgent, et dont il ne saurait plus se passer.

Le troisième grade de l'adeptat constitue l'état intérieur ou interne (état céleste) du second grade ; c'est là le degré le plus élevé de la vie spirituelle que le mental de l'homme puisse saisir ; il se rapporte aux états supérieurs des âmes purifiées.

L'Adepte du troisième grade est bien au-dessus de ce que nous désignons sous le nom : d'état d'homme, car il est de nature angélique et céleste; enfin, il ne nous est pas possible de parler de ses facultés divines et de ses potentialités, car elles dépassent de beaucoup la vie externe, c'est-à-dire qu'elles sont au delà de l'atteinte de cette vie...

Sachant bien ce qui précède, il est de la dernière importance que le *Disciple* saisisse bien la relation réciproque des trois grades ou degrés de l'adeptat, afin qu'il puisse se faire une idée juste, nette et correcte, dirons-nous, de la nature et des fonctions exactes de même aussi, afin de pouvoir bien comprendre en quoi consistent les moyens d'atteindre cet état.

Au sujet de l'Adepte et de l'adeptat, voici ce que nous lisons dans un livre d'un auteur anonyme :

« Le premier grade et les trois degrés qu'il renferme, embrassent toutes les possibilités de l'humanité dans les conditions physiques du présent cycle ; car pas même l'adepte (bien qu'il soit héritier élu des anges) ne peut transgresser les possibilités de la *Vague de vie*. Les différents espaces astraux qui marquent les limites de ces possibilités humaines constituent la ligne de démarcation de la Nature tracée par le droit de Dieu entre les deux mondes de la vie humaine ; le naturel et le spirituel. Quand la mission de la vie externe d'un Adepte est remplie, il se produit un fait analogue à la dissolution physique : les atomes physiques qui composent l'organisme sont mis en liberté et l'âme exaltée arrive sur un plan supérieur d'évolution de la vie, et devient l'homme spirituel ou adepte du second degré, c'est ainsi que celui-ci est une continuation du premier, sur un plan supérieur et plus intérieur, et la scène de l'activité de l'âme est transférée des sphères astrales et magnétiques dans le règne de l'esprit. Cet état tient la grande clef de la vie et de la mort, où gisent cachés tous les grands mystères de la vie externe. Il tient aussi le milieu entre l'état humain et l'état divin. »

Du degré le plus bas de l'être humain sur les plans externes jusqu'au grade le plus élevé ou homme parfait il y a sept états. Il en est de même aussi dans ce royaume de l'Humanité spirituelle ; il y a en tout sept états, depuis l'homme jusqu'à l'Ange. La grande importance de ce degré de vie ou adeptat spirituel, est prouvée aussi par le fait que c'est sur les limites du sixième et du septième état de ce grade que les deux moitiés de l'âme divine s'unissent pour toujours. Les âmes jumelles (mâle et femelle) constituent ainsi l'ensemble complet du Moi Divin. Cette union mystique est le *Mariage de l'agneau* de Saint-Jean, dans lequel l'homme devient ange (l'humain devient divin) et pénètre dans les cycles inconnus de la vie divine. Il est devenu le grand Hiérophante angélique des mystères célestes dont la Nature, la puissance et les fonctions sont trop transcendantes pour la compréhension des mortels incarnés.

Etudions maintenant la Nature et les fonctions de l'Adeptat. Nous ne nous occuperons ici que du premier grade ou adeptat du degré extérieur, d'autant que, avant de comprendre entièrement les facultés de second grade, le disciple doit parvenir au premier grade.

Aussi, afin de faire éviter au lecteur, toute fausse idée, il doit se rappeler que tout ce que nous allons dire appartient exclusivement à cet état de l'adeptat, dont les membres vivent, se meuvent, déploient leurs facultés et tout leur être, soit sur les plans externes de la vie matérielle, soit sur les plans ou sphères du monde astral immédiatement intérieurs.

Puisque l'Adepte est l'homme parfait, il devient nécessaire de bien comprendre quelle est la nature de sa perfection, et surtout en quoi elle consiste, cette perfection !...

Dans le *sens occulte* du mot, l'homme est un être composé, qui possède, nous le savons, une constitution septuple et sept états cycliques d'existence, c'est-à-dire encore, sept états progressifs d'évolution sur le plan physique. Aussi l'Homme parfait est celui qui développe entièrement son être complexe et atteint aux sept états pendant qu'il existe encore sur le plan physique c'est-à-dire qu'il vit dans les conditions physiques externes.

D'autre part, l'Homme ordinaire est obligé d'acquérir de plus en plus la perfection, dans les états purificateurs du monde psychique.

Ajoutons ici, que l'égoïsme et l'ignorance ou les dissonances ou vibrations produites par la réunion de ces deux défauts chassent la plupart des mortels hors de la voie tracée par l'évolution.

Aujourd'hui l'homme n'a encore développé que cinq sens physiques, c'est pour cela qu'il est si imparfait, d'autant qu'il ne possède pas seulement sept sens physiques, mais aussi sept sens psychiques, qui ont entre eux les rapports suivants :

| SENS PHYSIQUES | SENS PSYCHIQUES |
|---|---|
| 1. Le Toucher ...... | 1. La faculté de psychométrie. |
| 2. Le Goût......... | 2, La faculté d'étudier les plus pures essences de la vague de vie et d'en jouir. |
| 3. L'Odorat........ | 3. Faculté de distinguer les aromes spirituels. |
| 4. La Vue ......... | 4. Etat lucide ou clairevue, clairvoyance. |
| 5. L'Ouïe.......... | 5. Clairaudience ou faculté de percevoir les vibrations aithériques. |
| 6. L'Intuition...... | 6. Réceptivité de la grande inspiration. |
| 7. La Transmission de pensée........... | 7. Faculté de pouvoir correspondre avec les Entités de l'astral, les intelligences spirituelles. |

Quand l'homme est parvenu à atteindre les sept états psychiques, il peut alors gouverner, et exercer des pouvoirs sur toute la nature. Sa puissance de volonté s'est accrue au fur et à mesure que les attributs de son âme se sont développés.

Pas n'est besoin de cultiver la volonté, (comme le prouvent fort cher, certaines personnes); en effet, la *Culture de la volonté* s'accomplit fatalement, pouvons-nous dire, en développant les sens psychiques, c'est pour cela qu'est si utile, indispensable, l'*Etude de la Yoga* (1).

Les grands pouvoirs de l'Adepte, qui lui permettent de gouverner bien des Eléments de la Nature et de produire ce qu'on dénomme des phénomènes psychiques et cela *ad libitum*, tout ceci n'est pas le résultat de la puissance, de la volonté, comme le croient et le disent des Occultistes *amateurs* ; ces résultats, en effet, ne sont obtenus qu'à l'aide d'une âme calme, mais ferme, ayant beaucoup de douceur pendant le développement des *formes-pensées*.

L'âme purifiée, qui est inconsciemment placée, (*mise en rapport*) avec la Lumière astrale produit des résultats extraordinaires, surprenants et plus le plan, d'où l'adepte, projette sa volonté est élevée, plus puissants sont les effets obtenus sur le plan physique.

Tel est l'Adeptat et les glorieuses destinées et possibilités que la Race humaine tout entière pourra atteindre un jour, quand les attributs spirituels de l'homme pourront croître et se développer dans une existence pure, honnête, altruiste et tout à fait désintéressée.

Il est vrai qu'un tel état peut être considéré

---

1. Cf. à ce sujet : *Traité de Yoga*, un vol. in-8° ; en vente dans les grandes librairies (Chacornac, Durville et autres) ; H. Daragon, éditeur, Paris.

comme le *Summum* de l'évolution humaine, car c'est alors *le triomphe de l'âme sur les forces de la matière.*

Examinons maintenant, comment les hommes très évolués, très avancés sous le rapport psychique peuvent atteindre l'adeptat.

Nous serons très prudent dans les lignes qui vont suivre, car il n'est pas permis de faire sur cet important sujet, de longues divulgations.

Disons tout d'abord que l'Adepte doit nécessairement être initié.

Qu'est-ce que l'INITIÉ ?

Qu'est-ce que l'INITIATION ?

Aujourd'hui en Occultisme, on désigne sous le terme d'*Initié,* tout chercheur, qui possède les données élémentaires de la *Science Occulte,* l'Initié est en bonne voie pour arriver à devenir *Adepte,* c'est-à-dire pour arriver à un haut grade d'élévation dans la Science Occulte.

L'Adepte très avancé a le pouvoir de commander aux élémentals, de chasser les mauvaises entités, de rétablir dans les corps organisés, l'équilibre rompu, générer la santé chez un malade ; c'est on le voit un véritable thaumaturge.

Et il accomplit tout cela par l'exercice seul d'une forte volonté, qui met en mouvement le fluide magnétique, qu'il tire de l'Aimantation Universelle (1) ; c'est dans celle-ci qu'il puise le fluide

1. Cf. DE L'AIMANTATION UNIVERSELLE, *loi des vibrations,* 1 vol. in-12. Paris. H. Daragon, éditeur.

magnétique qui leur est nécessaire ; car le corps astral, ne l'oublions pas, est le véritable corps de l'homme, le corps physique n'étant qu'une sorte de guenille, un pardessus de chair.

Pour obtenir le pouvoir de l'Adepte, le pouvoir magique, il faut, nous disent les anciens *Mystères*, avoir atteint l'âge de trente-trois ans : ce qui veut dire, en langage symbolique, que l'adepte doit avoir accompli les douze travaux ou labeurs, passé les douze portes (1), avoir vaincu les cinq sens et avoir obtenu la domination sur les quatre esprits des éléments : Eau, Feu, Terre, Air.

L'*Adepte* qui veut devenir *Initié* de haut grade doit être né immaculé, baptisé par l'eau et le feu ; il doit avoir été tenté dans le désert, crucifié et enterré. Il doit de plus avoir reçu cinq blessures sur la croix et avoir deviné le rébus du Sphinx, c'est-à-dire de l'Occulte.

Quand il a accompli tout cela, il est suffisamment dégagé de la matière, il n'aura jamais plus de souci de son corps physique, il est débarrassé du lourd et embarrassant fardeau du corps.

Nous avons voulu avoir au sujet de l'*Initiation* quelques renseignements de l'Occulte et voici la communication que nous avons obtenue par un médium : « L'Initiation est absolument identique dans les Sanctuaires occultes. *Dans la forme*, les

---

1. En Egypte le 3* grade de l'*Initié* se nommait : *Porte de la mort*. Cf. *Isis dévoilée*, 2* éd. Paris, 3.5o. H. Chacornac et Librairie H. Daragon.

enseignements diffèrent dans les branches originaires de la Kaldée, car les astres agissent absolument comme les individus et ils produisent des agrégats charnels à volonté ; ayant avec toute production terrestre des vertus puissantes, ils créent avec leur puissance des conditions de vie, d'assimilation nouvelle, par lesquelles ceux qui sont faits Adeptes, partagent toutes les chances bonnes ou mauvaises des Fraternités. »

Ce texte est un peu amphigourique, nous l'avouons, et pourra ne pas plus satisfaire nos lecteurs, qu'il ne nous a satisfait ; mais nous croyons que c'est à dessein, car on n'a pas voulu nous en dire plus long, aussi pour terminer ce que nous avons à dire sur l'*Initiation*, nous mentionnerons un terme *Pâli : Iddhividhanâna*, qui sert à désigner l'*Initiation* aux secrets de la branche scientifique contenue dans les livres sacrés des Bouddhistes, cette citation fera comprendre au lecteur le fond même de l'*Initiation*. Les secrets de la branche scientifique, quand l'homme les possède pleinement, lui donnent des pouvoirs latents en lui, qui lui permettent de produire des phénomènes particuliers, dénommés parfois *Miracles* dans diverses religions. Ces phénomènes ne se produisent bien souvent que par l'application de certains secrets de la nature ou plutôt de certaines lois inconnues à la généralité des hommes.

Les Bouddhistes emploient deux moyens pour l'obtention de ces phénomènes : l'un nommé

*Lankika*, c'est-à-dire l'art de produire des phénomènes à l'aide de drogues, par la récitation de *Mantras* (Charmes), etc. ; et l'autre appelé *Lokottara*, dans lequel le pouvoir en question est obtenu par le développement méthodique et rationnel de certaines facultés internes (1).

C'est ce dernier moyen qui est employé par l'*Adepte,* l'*Initié de haut grade,* le *Mage*.

On voit donc qu'en premier lieu, il est indispensable de considérer l'*Individu*, car le premier venu, même doué de grandes qualités, une nature d'élite même, ne peut posséder toutes les qualités requises ; en effet, comme on dit vulgairement :

*On devient cuisinier, mais on naît rôtisseur !...*

De même, on naît avec les qualités de l'Adepte, mais on ne saurait les acquérir ! C'est pourquoi le premier venu ne saurait prétendre à l'Adeptat : « l'Adepte est né Roi dans l'espèce humaine !... »

Ceci veut dire que l'homme qui peut atteindre l'Adeptat est très évolué, très spiritualisé et d'une grande intellectualité. Tout individu qui ne remplit pas ces conditions; qui ne possède

---

1. Ceux de nos lecteurs qui voudraient de plus amples renseignements sur ces deux termes sanskrits les trouveront dans le Glossaire des termes sanskrits qui se trouve à la fin du *Livre des Respirations*, 1 vol. in-12, Paris, H. Chacornac, et dans le *Dictionnaire d'Orientalisme, d'Occultisme et de Psychologie*, 2 vol. in-12, chez le même éditeur et librairie H. Daragon. Paris.

pas ces hautes qualités, dès sa naissance, et cela à un degré supérieur, cet individu, disons-nous, ne saurait devenir Adepte ; car cet Etre d'élection, d'exception, ne peut être fabriqué avec les facultés, et les forces embryonnaires psychiques, que peut posséder le commun des mortels ; car nous nous plaisons à le répéter, comme nous l'avons déjà dit ailleurs : « L'Adepte est la rare, la très rare efflorescence d'une époque. »

Chaque cycle fournit un certain nombre d'individualités pouvant atteindre l'Adeptat, mais beaucoup l'ignorent, ne font rien pour y parvenir ; d'autres se sacrifient dans chaque famille pour rendre de grands services à l'humanité ; et c'est en rendant ces services, qu'ils épuisent dans cette direction, les forces et les possibilités qu'elles avaient en elles en puissance, pour atteindre cette haute condition.

Quand un *Etre* possède les conditions premières requises, ce qu'il doit faire tout d'abord, c'est de se consacrer presque exclusivement à l'étude de la Spiritualité, du *Mysticisme* même, mais d'un *Mysticisme bien compris*, moins exagéré que le mysticisme de certains Ascètes de l'Orient (*Rischi*).

Il devra ensuite étudier les diverses branches de l'Occultisme, qu'on peut étudier sur le plan physique ; enfin, il devra soumettre son corps à un entraînement, en ce qui concerne la diététique principalement la diététique Végétarienne et les relations génésiques.

L'aspirant à l'Adeptat doit développer en lui la sphère du bien, qui se trouve en puissance dans la Constitution de l'homme. En ce qui concerne les appétits matériels, l'aspirant doit les développer graduellement et les transformer petit à petit en facultés, au lieu de vouloir les briser tout à coup à la manière des ascètes. La nature, en effet, ne fait pas de sauts ; en outre c'est en l'homme, que doit être résolu le problème du bien et du mal, et l'homme doit passer par des étapes successives, s'il veut parfaitement les connaître ; et c'est même en ceci, que gît le nœud principal du succès ou de la défaite, de la chute ou de la victoire.

L'homme est un être très complexe, nous l'avons toujours enseigné et sa perfection consiste en ceci : évoluer d'une façon harmonique sans heurts et sans secousses ; c'est pourquoi même en se livrant aux pratiques de la Yoga, qui bien entendues sont utiles et facilitent l'accès à l'Adeptat, l'aspirant doit éviter avec soin les pratiques d'un ascétisme brutal, nous dirons plus répugnant, tel que le pratiquent certains mystiques Orientaux ; c'est pourquoi nous réprouvons le célibat, les mutilations et les macérations rigoureuses, ainsi que d'autres pratiques que nous ne craignons pas de taxer de ridicules. La plupart d'entre elles enchaînent trop rigoureusement l'âme animale (*Kama-Rupa*), la débilitent et l'affaiblissent par trop ; il est nécessaire au contraire de la développer, de la transformer en un facteur utile pour le perfectionnement de la septuple nature de l'homme.

Ce que nous recommandons à l'aspirant à l'Adeptat, c'est son Régime ; ceci est une question importante ; il doit se débarrasser graduellement, mais le plus rapidement possible de la nourriture animale, l'homme n'est pas un *carnivore* ; c'est un *Omnivore*, c'est pour cette raison qu'il peut vivre avec tout autre chose que de la viande ; car il ne faut pas perdre de vue que dans la chair des animaux, même les particules de matières végétales sont polarisées vers l'âme animale, aussi quand elles pénètrent dans l'organisme humain, elles tendent à fortifier cette partie purement animale, que nous souhaitons d'éliminer ou tout au moins de transformer ; mais nous ajouterons que l'aspirant doit opérer petit à petit : supprimer tout d'abord les viandes rouges ; les quantités, puis vivre avec du poisson, des végétaux et des légumes, enfin devenir *Fruitarien*, le plus tôt possible.

En ce qui concerne les relations sexuelles, nous dirons que les Kabalistes initiés ont nommé la Divinité : L'Esprit bi-un, parce qu'il renferme l'Amour et la Sagesse, et que cet Océan infini d'esprit sans forme contient dans son sein, tout ce qui est, ou peut arriver à l'existence (1) et c'est pour cela, qu'il comprend tous les éléments du sexe dans leur état primordial. Il renferme aussi l'aspir et le respir de la pensée divine, qui établit les premiers attributs spirituels du sexe, d'où le début de la création.

L'Esprit bi-un, nous venons de le dire, est Amour et Sagesse ; celle-ci, en tant que *Rayon* positif est masculin, actif et va de l'avant ; l'Amour en tant que rayon négatif est féminin, aussi est-il réceptif et cherche à enlacer ; de cette double action de potentialités est née la spirale, qui symbolise le mouvement, la vie, la Progression éternelle et DIEU, si l'on peut le symboliser toutefois, afin que l'Esprit de l'homme puisse s'en faire une idée...

Nous ne poursuivons pas plus avant cette étude, et nous nous apporterons pas d'autres preuves en faveur des Mahatmas et des Adeptes, preuves qui pour tout homme de bonne foi, sont des documents très sérieux et très authentiques.

1. Dans son ouvrage l'*Aimantation Universelle* ou la *Loi des vibrations* l'auteur Ernest Bosc, fournit des explications, qui peuvent faire comprendre DIEU : un vol. in-12, Paris, H. Daragon, Editeur, 1909.

# CONCLUSION

Je ne parle pas de choses fictives
mais de ce qui est certain et vrai.

HERMÈS TRIMÉGISTE

Les divers sujets traités dans cet Opuscule comportent en eux-mêmes leur conclusion, du moins presque tous ; aussi ne donnerons-nous ici qu'une sorte de conclusion sur la Théosophie en général, après avoir toutefois répondu à une question qui nous a été posée par un grand nombre de lecteurs ; c'est celle-ci :

L'existence du Désincarné sur les Plans inférieurs du monde astral, est-elle analogue à celle qu'il avait sur la Terre ? — Génère-t-on du Karma dans la vie astrale ? Enfin, le désincarné recommence-t-il une période de vie sur le Plan astral où il aborde, par une sorte d'enfance ?

Nous dirons que le désincarné se retrouve sur le plan astral dans le même état qu'avant son décès. — S'il est pervers, il s'éveille dans un milieu purgatoriel épouvantable, sorte d'enfer (mais jamais éternel) marécage visqueux, poisseux (sorte de mer morte infecte) peuplé d'êtres monstrueux, reptiles affreux, etc., etc.) ; enfin, il se trouve dans une promiscuité constante, inévitable avec des êtres de toutes provenances aussi méchants et même plus que lui-même. Il est dans un désespoir atroce ! Et cependant, même dans ce milieu d'horribles souffrances, la miséricorde céleste s'exerce par des entités secourables de provenances diverses, qui exhortent ces malheureux et leur donnent les moyens de quitter cet enfer, ou bien leur font espérer d'en sortir.

Les désincarnés moins coupables vivent dans des conditions plus ou moins mauvaises, cela dépend des éléments karmiques, dont se compose leur corps astral, de leurs écorces, car après la séparation d'avec le corps matériel, un changement a lieu dans les éléments astraux, dont est composé ledit corps. Lorsqu'ils sont unis aux corps matériels, ces éléments se groupent d'après leur affinité propre ; il se produit alors des couches concentriques, dont les plus denses se trouvent à la périphérie (comme dans l'oignon par exemple). Ces écorces tombent ou se désagrègent l'une après l'autre, ce qui permet à la personnalité d'atteindre un plan plus subtil et ainsi de suite, jusqu'à ce que la seconde mort le fasse passer sur le plan mental ou dévakanique.

Le désincarné (sauf celui qui, très matériel vit encore parmi les hommes et se sert de leur corps pour satisfaire ses appétits), ce désincarné, disons-nous. vit une existence analogue à celle des Terriens, mais il ne satisfait pas aux besoins grossiers de la matière physique, il ne mange pas, il ne boit pas, enfin, tout ce qui touche aux passions et aux besoins de la chair, lui devient étranger.

Le désincarné bon, sommeille en des rêves plus ou moins doux sur les premiers plans de l'astral avoisinant le globe, jusqu'à ce que les plus denses de ses écorces soient désagrégées.

Après cela, il s'éveille sur les trois sous-plans les plus élevés de ce monde, qui pour être encore illusoires, sont cependant plus réels que le nôtre. Les sentiments religieux y créent de petites chapelles, des églises ; les sentiments altruistes, des centres réconfortants pour les âmes, etc., etc...

Le sous-plan le plus élevé, est la demeure des philosophes et des âmes hautement intellectualisées ; là, ils se réunissent pour étudier et beaucoup apportent aux hommes les éléments de nouvelles découvertes et ils influent aussi beaucoup sur l'humanité, à laquelle ils ont appartenu ; ceux-là peuvent générer du karma.

Le désincarné reste parfois assez longtemps à s'accoutumer, à *se faire* au milieu astral, où il s'éveille, quand il n'y est pas allé de son vivant. Le contraire a lieu sur le *plan mental*, où la personnalité s'adapte de suite à son nouveau milieu.

Abordant maintenant la question générale, nous dirons que la Théosophie ou la Religion

*Sagesse Divine* a existé dès la plus haute Antiquité chez les peuples civilisés. Elle fournit à
l'homme une théorie de la nature et de la vie
fondée sur le savoir acquis par les Sages du Passé
et plus particulièrement par les Philosophes
orientaux ; et aujourd'hui leurs Disciples les plus
éminents affirment (et nous pouvons dès lors le
croire) que ce savoir n'est pas une Œuvre d'imagination ou d'induction, mais qu'il est acquis
expérimentalement par tous ceux qui se soumet-
tent aux conditions nécessaires pour l'acquérir.

Nous donnons ci-après quelques-unes seulement
des propositions fondamentales de la Théosophie.

L'Esprit dans l'homme est la seule partie réelle
et permanente de son être.

Les autres parties de sa constitution étant
composées, or toutes choses composées sont soumises par cela même à la décomposition ; il n'y a
donc dans l'homme, dans sa constitution, qu'une
chose réelle permanente, c'est son Esprit !

D'un autre côté nous savons que l'Univers étant
Un et chacune des choses qui le composent, qu'il
renferme, étant en relations avec chacune des
autres et avec le Tout, ce dont on a connaissance,
une connaissance parfaite sur le *Plan Supérieur*,
aucun acte, aucune pensée ne peuvent se produire
sans que le Grand Tout en ait la Perception. Il
s'ensuit donc que tout est lié en un lien indisso-
luble et ce lien, c'est la Fraternité.

Au-dessus de l'esprit et au-dessus de l'Intellect

il existe un *plan de conscience*, dans lequel sont notés ces faits et qu'on appelle communément : *La nature spirituelle de l'homme ;* laquelle nature est susceptible d'éducation, de même que le Corps et l'Intellect.

On ne peut atteindre à l'éducation spirituelle qu'autant que les intérêts matériels, les passions et les exigences de la chair sont subordonnées aux intérêts, aux aspirations et aux besoins de la Nature supérieure de l'homme ; c'est là une loi établie.

Les hommes purs, qui se sont systématiquement entraînés atteignent des qualités et des facultés psychiques, ils ont une claire vision du monde spirituel ! Leurs facultés intérieures (*intimes*) saisissent aussi bien la vérité et d'une manière aussi facile qu'ils perçoivent les objets matériels par leurs organes physiques et les objets de raison par leurs facultés intellectuelles. On peut donc conclure de ceci, que le témoignage des hommes entraînés, de la Vérité Théosophique, a autant de valeur que le témoignage des savants et des philosophes relativement à la vérité de l'objet de leurs études respectives.

L'éducation spirituelle des hommes entraînés leur permet d'acquérir la perception de différentes forces de la Nature inconnues de l'homme ordinaire, cette éducation longtemps poursuivie leur donne le pouvoir de diriger ces forces et de pratiquer des faits remarquables, que le vulgaire dénomme *Miracles*, bien que ces actes ne soient en définitive que l'application rationnelle de leurs connaissances plus avancées des lois naturelles.

Donc leur témoignage en faveur de l'existence d'une vérité supérieure (hyperphysique, supra-sensuelle) appuyée sur la possession de ces pouvoirs a donc le droit d'être examiné, étudié par tout esprit sincère, sérieux, religieux.

Voici maintenant sept points principaux du système philosophique exposés par les Sages théosophes de l'Orient et de l'Occident.

I. — L'origine, l'histoire, le développement, la destinée, le progrès et l'évolution de l'Humanité à travers les âges.

II. — L'explication de la Cosmogonie, du passé et de l'avenir de notre planète, de la Terre et des autres planètes, l'Evolution de la vie à travers les formes minérales, végétales, animales et humaines,

III. — L'explication des événements qui s'accomplissent dans ce monde, événements qui sont soumis à des lois cycliques, et pendant un cycle donné, il n'est pas possible d'atteindre le degré ni la qualité du progrès d'un cycle différent.

IV. — Il existe une substance aithérée répandue dans l'Univers tout entier et dénommé par la kabbalah : Lumière astrale, par la Philosophie Orientale Akasa ou Akâça (prononcer Akacha).

Cette substance n'est pour ainsi dire que le condensateur (réservoir) des événements, passés, présents et futurs et il garde la trace de tous les effets produits par les causes spirituelles, de tous les actes et de toutes les pensées provenant de la matière et de l'esprit. Certains penseurs ont dénommé ce réservoir, ce condensateur : *Le Livre de l'Ange du Jugement!*

V. — Le KARMA, (terme sanskrit) (1) désigne la *loi de causalité*, et dit que ce qu'un homme a semé, il le récolte ; c'est le *doit* et *avoir*, la balance de compte de chaque *Individualité*. Le Karma détermine ce que chaque incarnation a de joie ou de peine, de bonheur ou de chagrin, de succès ou d'insuccès, de sorte que ce qu'on dénomme à tort la chance ou la malchance, le hasard ou la fatalité, n'existe pas ; l'homme suit la *Destinée* qu'il s'est faite !

Le bonheur ou le malheur d'une personnalité ne dérive que du mérite ou démérite de l'individualité ! Karma acquis dans des existences antérieures et qui explique la Justice Divine, qui sans cela serait un vain mot.

VI. — L'Evolution de l'Homme jusqu'à sa réunion à la Divinité (*Nirwana*) comporte une élévation graduelle et illimitée. Les Etres les plus élevés qui soient, encore revêtus de *peau* (chair) sont dénommés :

Sages, Richis, Adeptes, Frères et Maîtres. Leur

---

1. Pour les termes sanskrits, le lecteur pourra consulter le *Glossaire* qui se trouve à la fin du LIVRE DES RESPIRATIONS de Ernest Bosc.

fonction principale est de conserver et d'étendre (ceci quand la loi cyclique le permet) le savoir spirituel et son influence dans l'humanité toute entière.

VII. — Quand l'Union avec Dieu est accomplie, alors, mais alors seulement, tous les événements de chaque incarnation reparaissent dans la conscience et ce n'est qu'alors aussi, que l'*Individualité* peut analyser ses diverses personnalités.

### Procédés du Développement Spirituel

Voici ce qu'enseigne la Théosophie au sujet des Procédés employés pour le développement spirituel de l'Individualité.

La première des conditions, la plus essentielle de ce développement, c'est d'assurer la suprématie de l'Esprit, qui est le premier, le plus haut élément de la Nature Humaine.

L'Homme peut l'atteindre par quatre moyens principaux :

1º L'Extirpation de son cœur (de son Soi) de tout son égoïsme et la poursuite, la culture et l'entretien d'une sympathie large et généreuse pour le bien de son prochain, avec tout l'effort nécessaire pour produire ce bien, dans son entier effet ;

2º La culture de l'homme intérieur par la méditation, la concentration, la communion avec la Divinité et par des exercices pratiques ;

3° La domination sur les appétits et les désirs de la chair et la subordination bien délibérée des intérêts matériels, quels qu'ils soient, aux ordres de l'Esprit ;

4° L'accomplissement strict et rigoureux de tous les devoirs afférents à la situation que chacun occupe dans la vie, et cela sans aucun désir de récompense, ce que la Bagavad-Gita définit par cette expression :

*Ne pas rechercher le fruit de l'Œuvre.*

La loi Divine seule distribue les résultats (*les fruits*). Ce que nous venons de dire, d'indiquer, est d'une pratique très accessible aux hommes qui sont imprégnés d'un sentiment religieux, nous pouvons donc dire avec raison qu'on peut atteindre un plan spirituel supérieur, par une éducation spéciale, physique, mentale et spirituelle, à l'aide de laquelle sont tout d'abord développées après avoir été éveillées, les facultés internes de l'Homme.

Arrivons à l'Adeptat, qu'est-ce qu'un Adepte ? (1).

Nous avons dit à son rang que, l'Adeptat est un point, une situation élevée de l'Evolution de l'homme ; il n'y arrive, il ne peut atteindre ce haut degré de l'évolution que par une rigoureuse

1. Pour la définition technique du mot et de ses divers sens, voir : DICTIONNAIRE D'ORIENTALISME, D'OCCULTISME ET DE PSYCHOLOGIE, 1ᵉʳ vol. V° adepte et Cf. également : LA DOCTRINE ESOTÉRIQUE A TRAVERS LES AGES, *passim*, 2 vol. in-8°. Paris, H. Chacornac et H. Daragon, éditeur, Paris.

et parfois laborieuse discipline personnelle et par
un dur travail assidu, constant, prolongé, et cela
pendant plusieurs incarnations, avec de nombreux
degrés d'*Initiation* et d'avancement, au delà desquels, il existe encore d'autres degrés, qui rappro-
chent de plus en plus, l'homme de la Divinité.

Au sujet des Mahatmas, au paragraphe les con-
cernant, nous avons promis de donner ici quelques
détails ; les Voici. (1) : l'existence des Mahatmas
n'a pas échappé aux yeux des voyants, même des
voyants catholiques. Voici, en effet, ce que vit dans
un de ses voyages extatiques Catherine Emmerich qui les a plusieurs fois visités sur ce qu'elle
dénomme *la Montagne des Prophètes*, où elle
fut transportée pour la première fois le 10 décembre 1819, et plusieurs fois ultérieurement. Elle y
vit les livres prophétiques, les livres religieux de
tous les temps et de tous les pays conservés sous
une tente, examinés et gardés par un personnage
qui lui rappela saint Jean l'Evangéliste et Elie,
mais surtout ce dernier, parce qu'elle vit, non
loin de la tente, le char sur lequel il fut trans-
porté au ciel, couvert d'une florissante verdure.
Le saint lui dit qu'il avait en dépôt tous les livres
de révélation, qui avaient été donnés, ou étaient
destinés à l'homme, livres dont plusieurs n'étaient

1. Cf. Revue Générale des Sciences psychiques, fondée et
dirigée par Ernest Bosc, n° de novembre 1908 (2° année).
H. Daragon, éditeur.

pas exempts d'altérations, qu'il en comparait le contenu avec celui d'un livre qu'il avait près de lui, enfin qu'il effaçait ou condamnait au feu un grand nombre de passages. Il ajouta que les hommes n'étaient pas encore dignes de recevoir ces dons ; il fallait avant tout qu'un homme fût donné au monde.

« La tente était dressée au milieu d'une île couverte de verdure et baignée par un lac aux eaux limpides ; on y voyait plusieurs tours, aux formes les plus variées et entourées de jardins. Il lui sembla que ces tours étaient les arsenaux et les réservoirs de Sagesse des différentes nations et que l'île même renfermait la source des fleuves considérés comme saints par les peuples du Gange en particulier, lesquels apparaissaient au pied de la montagne.

« D'après son point de départ, elle devait toujours, pour arriver à la montagne des Prophètes, se diriger vers les hauteurs de l'Asie centrale. Elle observait la position, la température des pays qu'elle parcourait, les particularités relatives aux trois règnes, puis, après avoir traversé un espace complètement solitaire et avoir, pour ainsi dire, pénétré dans la région des nuages, elle était transportée sur la montagne, dont on trouvera la description dans l'histoire complète de la Sœur, avec toutes les particularités de ces voyages extraordinaires !...

« Au retour, après avoir été de nouveau transportée dans la région des nuages, elle traversait encore des pays dont elle admirait la riche végétation et les espèces animales étrangères à nos climats ; puis elle arrivait au Gange et observait, sur les bords de ce fleuve, les pratiques religieuses des Indiens (Hindous) (1). »

« Il convient sans doute de faire les plus expresses réserves sur ce que l'extatique de Dulmen dit de saint Jean l'Evangéliste, d'Elie, des tours, et surtout sur ce char « couvert d'une florissante verdure ». Il est probable que la religieuse a pris pour une réalité ce qui n'était qu'une adaptation métaphysique. « Le véhicule » des Bouddhistes, et la *Mercava* ou char des Juifs, ne sont que des figures et non des réalités mécaniques ; mais le fait de l'existence de ces mystérieux personnages demeure.

« Une dame de mes amies a pu également en voir plusieurs au pied d'une montagne blanche, et obtenir d'eux une très belle communication.

« Cette communication lui fut donnée en détail ; mais tel n'est pas le mode ordinaire de leurs rapports avec leurs amis ou leurs disciples.

« Naturellement, je ne veux rien généraliser, et je crois que les mahatmas modifient leurs moyens selon leurs correspondants habituels ou d'occasion. Je ne puis donc parler que du mode de com-

1. Note de Clément Brentano, dans la *Vie de la très sainte Vierge d'après la sœur Emmerich*, chap. III, § 10, note 1.

munication qui m'est connu, sans préjuger en rien de ce qui peut se produire avec d'autres.

« Ordinairement, ils projettent leur pensée d'un seul coup. Je ne puis mieux comparer ce mode de transmission qu'à un éclair qui, instantanément, illumine tout un paysage, et chaque objet en particulier. Tout est net, clair, l'ensemble et les parties : on saisit tout d'un seul coup d'œil.

« Mais la difficulté commence, quand, en sortant de la vue d'ensemble, on veut analyser chaque détail séparément. L'intelligence se trouve parfois dépaysée et a de la peine à relier les parties à l'ensemble. Certains points peuvent rester vagues ou s'effacer complètement. De là des lacunes auxquelles on ne saurait remédier dans l'état actuel de nos connaissances.

« Je tiens à faire remarquer qu'en tout ceci j'expose mes sensations individuelles, sans vouloir abaisser tout le monde à mon niveau. Je dis donc tout simplement que je ne suis pas toujours en état, non pas de bien saisir, mais de bien exprimer les enseignements qui me sont donnés. Je le regrette, mais je suis probablement trop inférieur à la tâche. Je fais ce que je puis, et désire sincèrement que d'autres plus aptes que moi se lèvent bientôt.

« Un exemple permettra de mieux saisir cette sorte de télépathie.

« Je vais essayer de rendre cet exemple intelligible ; d'autres plus habiles que moi pourront

certainement mieux traduire ces hauts enseignements, s'ils prennent la peine de s'y arrêter.

« Par une belle soirée de printemps, je consi-
dérais le ciel étoilé, et je me demandais où s'arrê-
taient les bornes de l'univers. J'étais effrayé de sa
grandeur, et comme anéanti devant l'infini.
Qu'est-ce que l'espace ? Après les derniers mondes, que reste-t-il ? Ce gouffre béant du monde
infini me donnait le vertige.

« J'étais dans cette stupeur quand la visite du
mahatma, qui veut bien me donner le nom de
frère, me fut annoncée, et son enseignement peut
se résumer ainsi :

« L'univers matériel a des limites.

« Les nébuleuses que l'on dit être des mondes
en formation, sont des groupes stellaires aussi
vastes, sinon plus, que le nôtre, mais à un tel
éloignement de notre monde, que les plus forts
instruments ne parviennent pas à les décomposer.
Leur nombre est aussi élevé, sinon plus, que
celui des étoiles qui composent notre groupe.

« Les nombreux univers, dans leur ensemble,
forment comme une immense sphère, dont chaque
monde est une partie infinitésimale. Nous n'aper-
cevons que quelques nébuleuses à cause de la
distance fantastique qui sépare les autres de
nous.

« L'espace n'existe que pour nous, et n'est pas
une réalité.

« Quelque petit que soit notre cerveau, il ne

peut délimiter les bornes de son intellect qui rayonne dans toutes les directions, où se porte la pensée.

« Le plan de l'univers est de produire de l'intellect sans limite de la divinité (1); les mondes ne sont que la réalisation, sur le plan physique, des pensées divines.

« Chacune de nos pensées est aussi, en effet, une création substantielle de notre cerveau, et le nombre de nos pensées, comme leur variété, échappe même en nous qui sommes si faibles, l'appréciation et à la limitation. A plus forte raison pour Dieu.

« Nos pensées, isolées ou par groupes, forment un tout complet, et leur ensemble répond à l'étendue de notre intelligence, même dans ce petit organe qui s'appelle le cerveau humain, les pensées sont distinctes les unes des autres sans qu'il y ait, à proprement parler, d'espace entre elles ni dans leur source, ni dans leur développement; mais seulement dans leur nature et leur état particulier. « Ainsi en est-il de la constitution de l'univers. »

« Tel fut, en substance, l'enseignement projeté comme un trait de lumière par le mahatma, et

1. J'ai déjà dit ailleurs que Dieu n'est pas un être, mais une force active et consciente, et que cette force était le Moi du monde. De même il n'y a qu'une substance qui le modifie selon l'intensité des vibrations et le mode de cristallisation qui en résulte. Cf. *La Rénovation religieuse*, édit. Fischbacher.

je me sens impuissant à le reproduire. Ce que je dis me semble terne, faible et misérable, en comparaison de la clarté avec laquelle ces notions me furent signifiées. J'en suis positivement confus, et je prie le lecteur de s'en prendre à moi et non au Mahatma, s'il juge que mon explication laisse trop à désirer.

« Il ne me reste plus qu'un mot à dire, pour montrer que ces hauts enseignements ne sont pas sortis de mon imagination.

« Le Mahatma signale son arrivée par une certaine décharge fluidique toute particulière, et sur laquelle il n'y a pas d'erreur possible.

« Ici encore un exemple est nécessaire, pour permettre au lecteur de s'en rendre compte.

« Il y a environ trois mois, plusieurs amis parmi lesquels se trouvaient deux hommes, esprits pondérés s'il en fût, que leur situation même rend positivistes, étaient avec moi dans ma bibliothèque.

« La conversation tomba sur les forces encore ignorées de la nature, et, de ce point de vue général, sur les Mahatmas.

« L'un de mes visiteurs, qui avait été témoin de la première manifestation à mon ermitage, me demanda si mon ami Tibétain était revenu, et ce que je pensais personnellement de ces mystérieux personnages si discutés.

« Au moment où je prononçais le nom de celui qui veut bien m'honorer de sa bienveillance, un éclat strident retentit sur nos têtes, tout près de nous. On regarde : rien n'avait remué. Ce bruit étrange était comparable, selon l'expression de l'un de nous, à celui qué produirait une glace qui se briserait.

« C'est la manière habituelle que le mahatma a adoptée dans nos rapports ensemble. Cet éclat strident ne laisse aucun doute dans l'esprit de ceux qui l'entendent, car il serait impossible de l'imiter.

« Le lecteur peut penser ce qu'il lui plaira de ces manifestations, mais, pour nous, c'est un fait qui s'impose et sur lequel il n'y a plus à ergoter.

« Abbé J.-A. Petit. »

Cet article de l'abbé Petit prouve bien aussi l'existence des Mahatmas.

Au sujet du *Caractère*, du Développement spirituel, auquel tant de personnes ne peuvent pas croire, la Théosophie pose les affirmations principales suivantes :

1º Le développement se produit entièrement *au dedans* de l'individu, le motif, l'effort et le résultat étant distinctement personnels ;

2º Quoique personnel et intérieur (*intime*) le développement n'est possible, que par une communion intime ou au moins étroite avec la *Source Suprême* de toute force.

Au sujet du *degré* d'avancement, pendant l'incarnation, la Théologie affirme aussi et cela, de façon certaine :

1° Que la simple connaissance intellectuelle de la vérité théosophique est d'une grande, très grande valeur, parce qu'elle rend l'individu capable de s'élever beaucoup plus haut dans sa prochaine incarnation terrestre, en lui imprimant une très grande impulsion dans le sens de l'élévation ;

2° Qu'on gagne beaucoup plus par une vie de devoir de vraie piété et de bienfaisance :

3° Qu'un plus grand avancement est assuré à l'homme, par l'usage quotidien et continue des moyens de cultures spirituelles indiquées par la Théosophie, de laquelle on peut dire, qu'elle est le seul système philosophique et religieux, qui fournit une explication plausible et satisfaisante aux grands problèmes suivants :

*a*) Objet et utilité des autres planètes et de la nature de leurs habitants ;

*b*) Les cataclysmes géologiques de la terre, l'absence fréquente de types intermédiaires dans sa faune, par exemple entre le singe et l'homme.

Nous sommes en complète opposition avec la théorie de Darwin qui, chacun le sait, fait descendre l'homme du singe, et cela, soit par le rapprochement de la négresse avec l'orang-outang, soit par celui de la gorille avec l'homme, ou du gorille avec la femme, ce qui vraisemblablement ne donnerait lieu aujourd'hui qu'à un *mulet ;* or l'homme ou la femme ne sont pas des *mulets* ; donc Darwin a fait fausse route, comme Ernest

Bosc l'a du reste démontré dans la DOCTRINE ESOTÉRIQUE, *à travers les âges* (1).

La présence de restes d'architecture et d'autres vestiges de races perdues à propos desquels la science ordinaire, surtout la science officielle quelque peu arriérée ne fait que de très vaines conjectures ; la persistance de la Sauvagerie et les inégalités dans le développement de la civilisation ; les différences physiques et internes des différentes races humaines ; la direction du développement futur et immanent de l'humanité !...

c) Les concordances des croyances du monde et ses contrastes ou différences, et la base qui les soutient ;

4° L'existence de la souffrance, de la douleur morale, énigme indéchiffrable pour le philanthrope et le théologien ;

5° Le pourquoi des inégalités sociales ; des constrastes entre la pauvreté et la richesse, la bêtise et l'intelligence, la sottise et l'intellectualité, l'ignorance et le savoir, le vice et la vertu. — L'apparition des hommes de génie dans des familles parfois bien vulgaires, enfin quantité de faits en complète opposition avec la loi d'hérédité, l'hostilité fréquente que certains individus trouvent dans certains milieux, hostilité qui étouffe leur action, leurs aspirations, paralyse

1. 2 vol. in-12, Paris, Librairie H. Chacornac et H. Daragon, Editeur.

leurs entreprises et empoisonne parfois leur vie ;
la violente antithèse qui existe souvent   entre le
caractère et la condition d'une  individualité. —
La théosophie explique  aussi la surprise  des accidents de toute sorte, des infortunes, de la mort
prématurée, etc., etc. ; or tous les problèmes que
nous venons d'énoncer ci-dessus  ne peuvent être
résolus que par la théorie  du  caprice Divin (ce
qui serait montrueux) ou par les admirables doctrines  théosophiques de la Loi de Karma et partant de la Réincarnation.

# TABLE DES MATIÈRES

# En vente à la même librairie

**Traité de la Longévité** ou **l'Art de devenir Centenaire**. — Ce traité auquel l'auteur travaillait depuis de nombreuses années est aujourd'hui entièrement terminé et paraîtra dans le courant de l'année. — Il comprend sept chapitres d'une importance extrême, ce livre sera certainement le *Vade-mecum* de tous ceux qui tiennent à vivre une existence heureuse et à prolonger leur vie.

Cet ouvrage contient une étude sur le fluide vital humain, qui sera une révélation pour la haute science car à l'aide du transfert du fluide vital on pourra très certainement régénérer l'homme, le vieillard surtout, donc prolonger l'existence humaine.

**La Psychologie devant la Science** et les Savants. Ode et fluide odique. Aura, ses couleurs, Popularité humaine, fluide astral, magnétisme, hypnotisme, suggestion, hypnose, etc., 3e édit. . . . . . . . . 3 fr. 5o

La préface renferme une superbe lettre de Charles Naudin, de l'*Académie des sciences*, qui témoigne des larges idées du savant regretté.

**L'homme Invisible**, étude sur l'aura humaine; sa couleur, ses significations physique, morale, psychique. Brochure in-12 de 48 pages. . . . . . . . . . . . 1 fr. »

**Le Livre des Respirations**. Traité de l'art de respirer ou Panacée pour prévenir ou guérir les maladies de l'homme. 1 vol. in-18 jésus, 2e édit. . . . . . . 3 fr. »»

Compendium de diverses théories et de divers procédés, mis en œuvre, surtout dans l'Orient et en Europe, par les savants et les médecins, pour utiliser le mieux possible une des plus importantes fonctions physiologiques.
Cet ouvrage ne renferme que des documents de première main.

**Traité théorique et pratique du Haschich** et autres substances psychiques. Cannabis indica, plantes narcotiques, anesthésiques : Herbes magiques, opium, morphine, éther, cocaïne, formules et recettes diverses ; bois, pilules, pastilles, électuaires, opiats. Beau vol. in-10 jésus, 5ᵉ édition. . . . . . . . . . . . . 3 fr. »

Excellent et remarquable travail de renseignements où les curieux et les savants trouveront d'amples matériaux pour leurs expériences.

De nos jours, bien des intellectuels ont abusé des anesthésiques et des narcotiques. — Le présent traité permet aux lecteurs d'user avec ménagement et utilité des drogues narcotiques.

**La Chiromancie** médicale de Philippe May de Francoconie, suivie d'un Traité sur la physionomie et d'une autre sur les marques des ongles. Traduit de l'allemand par P. H. Treusches de Vezhausen, avec un avant-propos et une Chiromancie synthétique, par Ernest Bosc. Volume in-10 jésus, illustré de vignettes . . . . . . . . . . . . . . . . . . . . . . . . 3 fr. »

En publiant à nouveau ce livre, l'auteur a rendu un service signalé à tous ceux qu'intéresse la chiromancie, gens du monde et professionnels.

Cet ouvrage rarissime n'est nullement conforme aux idées patronnées par nos chiromanciens modernes, il est au contraire en opposition formelle avec les plus célèbres données contemporaines.

**Petite Encyclopédie des sciences occultes.** 1 vol. in-12 de 280 pages, 1904. . . . . . . . . . . . . . . 2 fr. »

Cet ouvrage très instructif et très intéressant a été écrit à l'usage des gens du monde qui veulent connaître aujourd'hui tout ce qui constitue l'occultisme et cependant sans avoir à compulser pour cela des in-folios.

**De la Vivisection.** Etude physiologique, psychologique et sociologique. Histoire, vivisection et science. Expériences monstrueuses, crimes et infamies, découvertes de Pasteur, droit et science, philosophie, morale. 1 vol. in-16, Paris. . . . . . . . . . . . . 2 fr. »

**Bélisama ou l'Occultisme celtique dans les Gaules.** 1 vol. in-12. . . . . . . . . . . . . . . . . . . . 4 fr. »

Cet ouvrage étudie l'occultisme chez les Celtes et démontre d'une manière presque mathématique que le peuple celte est le peuple qui a donné naissance à tous les autres.

IMP. HENRI JOUVE, 15, RUE RACINE, PARIS